超高層住宅の未来絵図

―アジア4都市からみた日本―

高井宏之

髙田光雄

鈴木雅之

編著

技報堂出版

序

　アジアの都市を訪れた時の楽しみは朝食である。それも早朝からにぎわっている，お世辞にもきれいとは言えないまちなかの食堂がよい。地元民になったような時間と空間に身を包まれながら，食事を堪能できる。本書で扱うアジア4都市であれば，メニューはなんといってもお粥と油条（揚げパン）であろう。中国粥は6000年，油条は1000年の歴史がある。これに加え，香港にはバタートーストと濃厚な甘さのミルクティーがある。英国植民地時代にやってきて香港人の心をつかんだ。シンガポールにはバクテー（骨付豚肉の煮込みスープ）がある。マレーシアを含む一帯が英国植民地であったころ，中国本土から来て重労働に就いていた華僑にとっての安価なスタミナ食として生まれた。国民食という言葉があるが，まさに歴史の積み重ねである。

　さて，これに超高層住宅というレイヤーが加わった。鉄筋コンクリートという新技術が生み出した近代建築の象徴ともいうべき住宅形式が，4都市それぞれの社会体制と住宅事情の中で受け入れられた。ここで，それぞれの気候の中で人間が生きていくための住環境として，どのような「解」が生みだされたのか。知恵やアイデアはあるのだろうか。本書の中のアジア4都市の調査研究はそのような好奇心から出発している。

　ところで，日本の超高層住宅の未来はどうなるのだろう。高度成長期の大量供給の手段として出発した日本の超高層住宅は，欧米での計画思想と技術・経験を学びながら，地震国という環境の中で育ってきた。しかし，2000年代に入り様相は変わった。大都市立地の住まいであることに加え，コンパクトシティや土地の高度利用という都市戦略の手段としての色合いが濃くなってきた。超高層住宅の目的や意味が変わってきた。さらに建築と居住者の「2つの老い」，そして地球環境問題への対応もまったなしだ。これから，超高層住宅はどう歩んでいくべきか。

　一方，アジア4都市の住宅には，厳しい経済状況や住宅事情をしたたかにくぐり抜けてきた，欧米とは異なったエネルギーがある。気候や文化で通じるところがある日本から見た場合，理解・共感できるところがある一方で，目からうろこのこと，我々日本人が忘れていたことや，日常的に囲まれている「当たり前」の中で見えなくなっていたこともある。これらの中に日本の超高層住宅の未来を考える上でヒントがあるかもしれない。

　そのような思いをもって取り組んだアジア4都市の実態調査，現地の専門家による見解の把握，それらに先行し実施してきた日本の超高層住宅研究の振り返り，そして以上から日本の超高層住宅への未来について思い巡らせた議論。本書はその軌跡である。

　2023年10月　　　　　　　　　　　　　　　　　　　　　　　　　高井　宏之

執筆者一覧

はじめに

高井宏之　名城大学 教授（1章，2章）

鈴木雅之　千葉大学 教授（3章）

第1部

高井宏之　前掲（1章，2章，3章）

室田昌子　横浜市立大学 客員教授，東京都市大学 名誉教授（2章，4章）

第2部

鈴木雅之　前掲（1章）

前田昌弘　京都大学 准教授（2章）

高井宏之　前掲（3章）

篠崎正彦　東洋大学 教授（3章）

佐々木誠　日本工業大学 教授（4章）

第3部

ヨハネス・ウィドド Johannes Widodo　シンガポール国立大学 准教授（1章）

鈴木雅之　前掲（1章，編集）

衞翠芷 Rosman Wai　香港大学 教授（2章）

前田昌弘　前掲（2章，編集）

胡惠琴 HuiQin HU　北京工業大学 教授（3章）

高井宏之　前掲（3章，編集）

張志源 Chihyuan Chang　内政部建築研究所（4章）

佐々木誠　前掲（4章，編集）

第4部

高井宏之　前掲（1章）

川崎直宏　株式会社市浦ハウジング&プランニング（2章）

髙田光雄　京都美術工芸大学 教授，京都大学 名誉教授（3章）

コラム

川崎直宏　前掲（第1部2章）

久保田聖子　サイニクス株式会社，元シンガポール在住（第2部1章）

馬文禮　株式会社TAKシステムズ，香港生まれ（第2部2章）

王暁朦　中国建築設計研究院（第2部3章）

賴俊仰　SECOND SIGHT DESIGN，台湾中国科技大学 非常勤講師（第2部4章）

（2023年10月現在）

v

目　　次

はじめに　　　　　　　　　　　　　　　　　　　　　　　　　　　　　1

1　アジアの超高層住宅の構図と本書の構成　　　　　　　　2

共用空間とアジア4都市への期待 ——————————————————— 2
1.1　日本の超高層住宅の歩み ———————————————————— 2
1.2　イノベーションとしての超高層住宅 ———————————————— 2
1.3　共用空間と共用施設 —————————————————————— 4
1.4　アジアの超高層住宅への着目 —————————————————— 5
1.5　本書の構成と方法 ——————————————————————— 6

2　アジアの超高層住宅の違い　　　　　　　　　　　　　　10

都市で異なる優先順位と当たり前 —————————————————— 10
2.1　都市で異なる意味と優先順位 —————————————————— 10
2.2　近年のアジアの国・地域で起こっていること ——————————— 12
2.3　各都市での当たり前の解明への期待 ——————————————— 13

コラム　超高層居住におけるコミュニティとは ……………………………… 14

3　海外の集合住宅を対象として研究する意義　　　　　　15

海外から学ぶ —————————————————————————— 15
3.1　研究対象としての「アジア」 —————————————————— 15
3.2　研究対象としての「海外の超高層住宅」 ————————————— 16
3.3　海外研究の目的 ——————————————————————— 17
3.4　海外研究の注意点 —————————————————————— 17

第1部　日本の超高層住宅　　　19

　日本の超高層住宅とは何ものか−第1部の概要――――――――――――――――― 20

1　超高層住宅とは何か　　　21

　5つの基本特性を持ちプラス・マイナス混在 ――――――――――――――――― 21
1.1　住戸・住棟レベル――――――――――――――――――――――――― 22
1.2　団地・都市レベル――――――――――――――――――――――――― 25

2　日本の超高層住宅の事情　　　27

　変化してきた超高層住宅の意味―――――――――――――――――――――― 27
2.1　日本の都市・住宅事情・建設動向 ――――――――――――――――――― 27
2.2　首都圏の超高層住宅の状況 ―――――――――――――――――――――― 29

3　日本の超高層住宅の計画特性　　　31

　固有の特徴を持ちがなら進化を遂げる――――――――――――――――――― 31
3.1　建築特性 ――――――――――――――――――――――――――――― 31
3.2　共用施設・設備の特性 ――――――――――――――――――――――― 33
3.3　住棟の構造形式 ―――――――――――――――――――――――――― 36

4　首都圏の超高層住宅の居住者・生活特性　　　37

　アンケート調査からの実態解明――――――――――――――――――――――― 37
4.1　居住者と住宅の特性 ―――――――――――――――――――――――― 38
4.2　居住者の生活特性―――――――――――――――――――――――――― 39
4.3　居住者の近隣関係・社会関係 ――――――――――――――――――――― 40
4.4　共用施設の利用と近隣関係の構築 ―――――――――――――――――――― 42

第2部　アジア4都市の超高層住宅　45

アジア4都市の計画特性と生活 − 第2部の概要 ——— 46

1　シンガポールの超高層住宅：国家主導の高層居住　50

1.1　面積が小さい国の超高層化・高密化戦略 ——— 50
1.2　シンガポールの超高層住宅の事情 ——— 51
1.3　調査対象事例：スカイガーデンを持つHDB住宅 ——— 53
1.4　居住者特性と住環境の評価 ——— 54
1.5　共用空間の利用と評価 ——— 56

コラム　OKlaなSG生活 ……… 59

2　香港の超高層住宅：高密度をきわめた都市生活の拠点　60

2.1　香港の垂直的アーバニズム ——— 60
2.2　高層住宅による都市の垂直化 ——— 62
2.3　多様な人々の居場所としての公共空間 ——— 63
2.4　調査対象：ポディウムを持つ高層公的住宅 ——— 64
2.5　居住者特性と住環境の評価 ——— 65
2.6　共用空間の利用と評価 ——— 67

コラム　「寸金尺土」な都市 ……… 70

3　北京の超高層住宅：経済発展の中の商品化　71

3.1　激動の中を生き抜く超高層住宅 ——— 71
3.2　北京の超高層住宅の事情 ——— 72
3.3　調査対象事例：先端的試みの民間住宅 ——— 74
3.4　居住者の意識と空間利用 ——— 76

3.5　スカイガーデンの利用と課題 ———————————————————— 77

コラム　大都市に来た高齢者世帯 ……………………………………………………… 81

4　台北の超高層住宅：社会住宅への新たな展開　　　82

4.1　超高齢社会の高層居住の未来 ———————————————————— 82

4.2　台北の都市・生活環境・住宅事情/超高層の事情 ————————— 83

4.3　調査対象事例：福祉拠点としての社会住宅 ————————————— 85

4.4　居住者特性と住環境の評価 —————————————————————— 86

4.5　共用空間の利用と評価 ———————————————————————— 87

コラム　台湾の集合住宅における住宅一階の室外空間の変化 ……………………… 92

第3部　アジア4都市の社会特性と超高層住宅　　　93

アジア4都市の社会特性と超高層住宅 − 第3部の概要 ———————————— 94

1　高密・高層居住によるシンガポールのリバブルシティ（暮らしやすい都市）計画　　　95

1.1　小さな島国の挑戦と機会 ——————————————————————— 95

1.2　自然の中の都市に戻す政策 —————————————————————— 95

1.3　資源確保の工夫 ——————————————————————————— 97

1.4　バイオフィリックデザイン ————————————————————— 97

1.5　高齢社会　ALL-IN-ONEVILLAGE ——————————————— 98

1.6　高密・高層のシンガポールの未来 ————————————————— 99

2　香港における超高層公的住宅の計画とデザイン　　100

2.1　住宅問題の深刻化————————————————————————100

2.2　香港における公的住宅の歴史と発展 ————————————————100

2.3　超高層公的住宅団地の設計と供給 —————————————————101

2.4　民間住宅 ————————————————————————————105

2.5　住宅を老後の生活にふさわしい場所とするために ————————105

3　北京の高層住宅と高齢化対策　　107

3.1　中国の住宅の歴史と高層化 ————————————————————107

3.2　高齢化と施策の動向 ———————————————————————107

3.3　高層住宅の現状と問題 —————————————————————108

3.4　古い団地のバリアフリー化 ————————————————————110

3.5　近年の取り組み ————————————————————————111

4　超高層住宅の特徴と暮らし
——台北市・新北市・桃園市の住宅政策の視点から　　113

4.1　社会住宅に関する法令の現状 ——————————————————113

4.2　社会住宅の発展の動向 —————————————————————114

4.3　台湾の建設技術基準「建築設計及び施工編」に記載されている
　　高層建築物に関する特別な章 ——————————————————115

4.4　ケーススタディー—————————————————————————115

4.5　結　び ————————————————————————————117

第4部　超高層住宅の未来絵図　119

超高層住宅の未来絵図 − 第4部の概要 ————————————120

1　超高層住宅と計画課題　121

1.1　アジア4都市と日本の計画に係る構図 ————————121

1.2　計画上の方向性 ————————————————122

1.3　性能面からみた計画課題————————————123

2　超高層住宅と政策課題　127

2.1　超高層居住の課題————————————————127

2.2　超高層居住と共用空間 ————————————128

2.3　超高層住宅の展望————————————————131

3　超高層住宅に未来はあるか　134

3.1　超高層住宅からの関心の離脱 ————————————134

3.2　建築家の夢 ——————————————————134

3.3　日本における住宅産業，住宅政策からの接近————————135

3.4　欧米における近代都市・近代建築批判と高層住宅批判————135

3.5　不動産ビジネスからの接近 ————————————136

3.6　日本における高層住宅を対象とした建築計画学研究————137

3.7　超高層住宅をめぐる不動産学的課題の深刻化————————138

3.8　地球環境問題の一層の深刻化と超高層住宅 ————————139

3.9　アジア4都市と日本との比較 ————————————139

3.10　超高層住宅に未来はあるか ————————————140

はじめに

1 アジアの超高層住宅の構図と本書の構成

共用空間とアジア4都市への期待

スターとして登場した日本の超高層住宅も多くのリスクを抱えながら出発し，今日「2つの老い」に直面している。本書ではその課題解決の突破口として，超高層住宅に特徴的に登場する共用空間，そして異なった地域・社会背景のもと固有の発展を遂げているアジア4都市の超高層住宅に着目した。

1.1　日本の超高層住宅 [1] の歩み

(1)　スターとして登場

「空に住まう」

北に東京都港区の網町三井俱楽部の庭園，南に高台の緑を望む地に，1971年に建設された三田綱町パークマンション（地上52m，19階建）に込められた，眺望を売るという発想による提案である [1), 2)]。

高層住宅は1950年代後半から，公的住宅を念頭に技術的検討と試行的建設が始まっていた。その中で，三田綱町パークマンションは高さ，住戸面積（120 m² 前後），空間の質などの点でこれら高層住宅と一線を画する「超」高層住宅であり，当時としては憧れの的，まさに住宅市場におけるスーパースターであった。

思い返すと，超高層住宅は常にスターの道を歩んできた。戦後復興から1973年 [2] までの住宅不足の時代においては大量供給の手段として，その後の住宅の多様性の時代においては都心居住実現の手段，好立地の富裕層の住宅の象徴として，常に目を引く存在であった。そもそも上背がありまちのどこからでも目に入る，都市景観のまさにランドマーク。建築設計者にとっては華々しい活躍

の場であり，コンピュータの進歩により意匠面・構造解析面での設計の幅は大きく広がってきた。

一方，重力に逆らって住まいを高所に実現するには高度な技術が求められる。そのため，超高層住宅は研究開発や施工管理の技術者にとっても輝けるスターであった。1970年代の柔構造，1980年代の高強度コンクリート，1990年代以降の制振・免震構造は，夢を実現しようという技術者の熱意が実を結んだものである。

このように超高層住宅は，住宅・都市・技術の牽引役として常に時代の先端を走ってきた。

(2)　スター性の変質

しかし2000年代に入った頃から様相は変わった。2000年代以降都市部で急速に超高層住宅の建設が進んだが（**図-1.1**），これはバブル経済崩壊からの脱却のための景気浮揚策の一つに大都市中心地の土地の高度利用が位置づけられ，その中で超高層住宅のスレンダーな形態は，高容積率の実現に有利に働いた。また，高度成長期に膨張した都市エリアの郊外部の住宅地は，人口減少と高齢化の中で生活しにくくなり，都市のコンパクト化に舵が切られ，上記の土地の高度利用の施策を後押しした。一方，大都市中心部の超高層住宅建設に適する土地は潤沢ではない。この住宅市場における希少性から，超高層住宅は投資の対象としての価値を持つようになった。

このように超高層住宅は，経済社会の中でのスターとしての側面が色濃くなってきた。

1.2　イノベーションとしての超高層住宅

(1)　新商品としてのリスク

黎明期にさまざま危惧されながらも建設が進ん

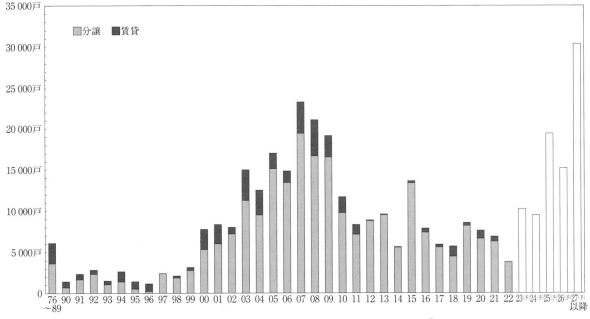

図 -1.1　首都圏の超高層住宅の竣工・計画戸数（首都圏）[3]

できた超高層住宅であるが，その後徐々に明らかになってきたことがある。

　第一の課題は事業リスクであり，超高層住宅は一度に大量の住戸を生み出すが，これを受け入れるだけの需要が市場に存在するかである。1973年までは超高層住宅の新規供給戸数に占める公的住宅の割合が高く，この時点では大きな問題にならなかったが，1980年代以降の民間住宅主導の時代ではそうもいかない。これは，先の時代に超高層住宅が実現され，高層階の住環境を需要者が身近に確認できるようになり，その理解を踏まえて実需が発生する形になった。このことは，日本に比べ中古住宅の流通量が圧倒的に多く，新築住宅市場の小さい欧州で，超高層住宅が大量供給時代以降は建設されなくなったことと対象的である。

　第二の課題は住まいとしてのリスクであり，高層階の住環境を居住者が住みこなすことができるかである。高層階は眺望や日当たりが良いとの評価がある半面，居住者の外出頻度の減少や母子密着などの保健学上の課題があるとの指摘もある[5]。これは専門家による問題の指摘や住む上での心得などのアドバイスの意味もあるのだが，結果的に大きな問題になっていないように見える。住み始

めての時間経過の中の居住者の慣れとも関連があるかもしれない。

(2)　十分頓着していなかったこと

　ところが，イノベーションには必ず開発段階で十分頓着していなかった，先送りにしていた課題が顕在化してくる。超高層住宅で発生した課題は「2つの老い」である[6]。

　第一の老いは「建築の老朽化」である。建築の修繕費用は，時間経過に伴う設備の老朽化や部材の劣化により上昇する。とくに超高層住宅では，工事用足場などの仮設費が割高になり，またそもそも日常の運営管理のためのランニングコストも，高層階に人や物を移動するために消費する位置のエネルギーは多く割高になる。これらは予想はできていたが，どの程度大きな問題になるかは不明なままスタートしていた。

　第二の老いは「居住者の高齢化」である。日本の高齢化率は世界的にみても群を抜いて高い（図-1.2）。また，近年日本人はプライバシー指向が強くなり，建築設計もそれに応えたものとなっている。一方，わが国では大規模災害は増加している。この時に力を発揮するのが近隣の「共助」で

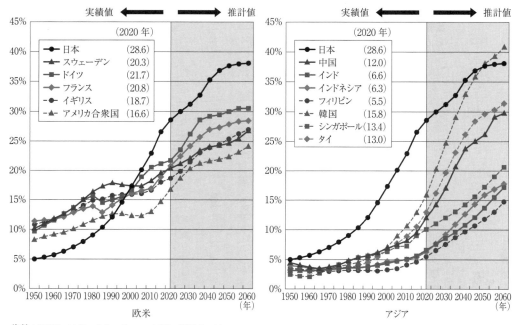

資料：UN,World Population Prospects:The 2019 Revision
ただし日本は,2020年までは総務省「国勢調査」,2025年以降は国立社会保障・人口問題研究所「日本の将来推計人口（平成29年推計）」
の出生中位・死亡中位仮定による推計結果による。

図 -1.2　欧米・アジア各国の高齢化率の比較 4)

あるが，プライバシー重視を背景に居住者コミュニティが希薄化する中で期待しにくくなった。その結果，孤独死などの高齢居住者の「孤立居住問題」発生のリスクが高まった。これは，集合住宅全般に共通する社会課題であるが，超高層住宅の垂直型の空間特性から，近い将来より課題が顕在化することが懸念される。

　以上のように，超高層住宅は竣工後の時間経過を見通した建築ストックとしての検討や備えが不十分であり，「2つの老い」への対応策はわが国の超高層住宅にとって喫緊の課題である。

1.3　共用空間と共用施設

(1)　共用空間の意味と意義

　集合住宅には専用空間と共用空間がある。前者は居住者が他の居住者に邪魔されることなく利用できる空間であり，例えば住戸内空間がこれにあたる。後者は居住者が共同でまたは時間帯をずらして利用する空間であり，他の居住者に利用を阻害されることなく利用できる空間である。例えば，公道から各住戸に至るまでの敷地内通路／住棟エ

ントランスホール／階段またはエレベータ／廊下がこれにあたり，この空間はそこを利用する多くの居住者に共通したニーズに応える必要がある。またこの空間で居住者はすれ違い，会話が生まれ，顔見知りになる。そのためこの動線上には，しばらくたたずみ過ごすためのベンチ，目に優しい植栽，そこでの行為を支えるしつらえや空間が計画される必要がある。一方，集会室なども共用空間であるが，この空間はそこでの行為・目的に適した什器・空間や利用のルールとなっている必要がある。

(2)　共用施設の意味と意義

　一方共用施設とは，共用空間が利用に着目した概念であるのに対し，住宅の商品企画時における選択肢としてとらえる場合に用いることがある。また建築を技術的視点，つまり企画・設計，建設，運営・管理から着目した概念として，その用途との適合性，耐久性や寿命，費用などを扱う場合に用いることがある。

　ただ，共用空間と共用施設は実際は明確には線引きが難しい。本書では基本的には「共用空間」を用い，上記のような場合に「共用施設」を用い

中間階の子どもの遊び場

屋上の広場

展望ラウンジ

写真 -1.1　超高層住宅の共用空間の例（日本）

ることにする。

(3) 超高層住宅の共用空間

　超高層住宅に固有に見られる共用空間がいくつかある。第一は，住棟の中間階にある子どもの遊び場や，屋上にある広場空間である（**写真 -1.1**左，中央）。これらは高層階の居住者向けに，大地の代替の手段として 1960 年頃から計画されてきた。

　第二は，管理組合や自治会の組織運営に必要な会合のための共用空間であり，趣味などの日常生活上の楽しみの機会の提供，仲間との活動を通じての居住者コミュニティの形成などの役割を果たす。超高層住宅は居住者が孤立化しやすい建築形態であるため，この空間が果たす役割は大きい。

　第三は，プロジェクトの魅力づけや差別化の手段として 1980 年代後半から競って計画されるようになった共用空間であり，超高層住宅では展望ラウンジ（**写真 -1.1** 右）が頻度高く見られる。低層階の居住者も超高層住宅の持つ眺望をゆったりと楽しむことのできる空間である。

1.4　アジアの超高層住宅への着目

(1) 香港の超高層住宅への驚き

　個人的話で恐縮だが，大学の修士課程で日本の集合住宅の研究に取り組み一定の知識はあった。1980 年代に建築系の書籍や雑誌の記事を収集し海外の超高層住宅の事例集も作ったが，欧米の事例しか集まらなかった。限られた期間だが欧米の都市を巡ったこともあった。その後機会があって，香港に単身超高層住宅の調査に行くことになり，

現地の知り合いと間で次の会話があった。
　「30 階以上の超高層住宅の事例を 5 事例ほど教えてもらえませんか？」
　「無数にあるよ」
　「……」
　その後，実際現地を訪れてみると想像をはるかに超えた都市景観が待っていた。適切な言葉がみつからないが，この世のものとは思えない都市と住宅に，実に人々が活き活きと生活している。これだ！ この時抱いた衝撃が本書の原点にある。

(2) アジア 4 都市への着目

　世界には超高層住宅が継続して積極的に建設されている地域がいくつかある。本書はその中の，アジアの 4 都市（シンガポール・香港・北京・台北）に着目した。これらの都市は，日本にも通底する中華系の文化的バックグラウンドを持ちながら，異なった気候・地勢・社会体制・住宅事情などの地域・社会背景のもと，超高層住宅がそれぞれ固有の発展を遂げている。

　東京 23 区とこれら 4 都市を比較する（**表 -1.1**）と，面積と人口は東京 23 区に比べシンガポール・香港がやや近く，北京は 2〜3 倍，台北はより小規模で名古屋市と同程度である。人口密度は東京 23 区と北京が最大と最小で，ほかはそれらの中間である。集合住宅の割合は共に 5 割を超えている。集合住宅の高層化の様子はこの表にはないが，東京 23 区・シンガポール・北京・台北では 30 階程度の住棟が最もよく見られ，香港は可住の土地面積が少ないため，2000 年以降 60 階程度が多く見られるようになった（**写真 -1.2**）。

表-1.1　東京 23 区とアジア 4 都市（シンガポール・香港・北京・台北）の都市特性の比較[3]

	東京都 23区	シンガポール SG	香港 HK	北京 BJ	台北 TP
面積	622.99 km²	716.10 km²	1 104.04 km²	16 410.54 km²	271.79 km²
人口	8 360 000人	5 310 000人	7 150 000人	19 610 000人	2 610 000人
人口密度	13 434人/km²	7 418人/km²	6 479人/km²	1 195人/km²	9 635人/km²
世帯数	3 870 000世帯	1 170 000世帯	2 360 000世帯	9 910 000世帯	940 000世帯
世帯平均人数	2.16人	3.47人	3.02人	1.97人	2.76人
高齢化率	21.5%（2020）	17.6%（2021）	18.0%（2019）	14.2%（2021）	13.9%（2017）
総住宅数 （集合割合）	3 842 380 （73%）	1 174 500 （94%）	23 81 125 （91%）	7 355 291 （59%）	862 007 （90%）

シンガポールの住宅地

香港の住宅地

台北の都市鳥瞰

写真 -1.2　集合住宅地の景観

（3）当たり前の違いと本書のねらい

　日当たりと風通し，地震と台風への配慮。この日本の住宅の当たり前はアジア 4 都市では通用しない。住宅には押さえるべき要件がいくつかある。上述の 4 要素以外では，例えば防犯安全性，居住者間コミュニティ，日影，緑化などがある。これらは日本でも重視されない訳ではないが，異なった社会・自然環境，都市・住宅事情，生活文化の中で，設計・生活する上での優先順位が異なってくる。そして，それが各都市の当たり前の違いとなって現れる。

　この結果，アジアの 4 都市で実現されている超高層住宅には，日本があまり選択して来なかった設計手法や管理・運営上の工夫が見られる。本書は現地でのこれらの調査研究により，各都市における社会・自然環境等との関係を読み解き，日本の超高層住宅の課題解決に貢献しうるヒントを見出すことをねらいとしている。また，とくに「2つの老い」の中の「居住者の高齢化」，および近年アジアで頻度高く見られる上層階の共用空間に着目する。

（4）　アジア 4 都市に見られる共用空間

　4 都市に共通してみられる共用空間に，スカイガーデン（sky garden）とボイドデッキ（void deck）がある。前者は中間階や屋上階に設けられた外部空間であり，都市や事例によって sky bridge，sky deck，sky terrace，空中花園，活力空中跑道などさまざまな名称で呼ばれるが，本書ではスカイガーデンを共通して用いる。後者はピロティ（piloti）と呼ばれることもあるが，本書ではボイドデッキを共通して用いる。

1.5　本書の構成と方法

はじめに

　本章を含む「はじめに」では本書の出発点を語っている。日本の超高層住宅の持つ課題，共用空間およびアジアの超高層住宅に着目する理由，そして本書で示した情報をどのような方法により収集したかを述べている。本書の主な筆者は，日本建築学会の建築計画委員会・住宅計画小委員会の仲間である。この小委員会では，集合住宅に関

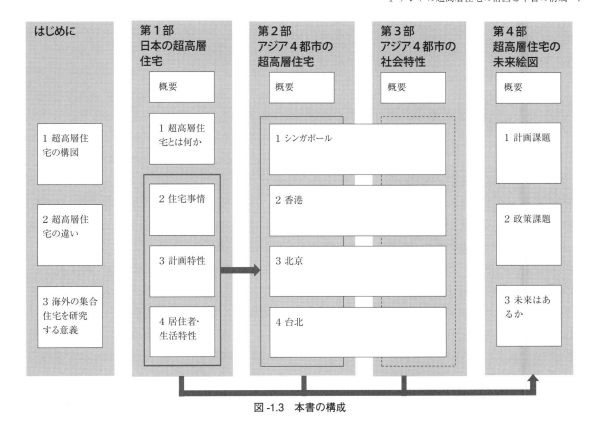

図 -1.3　本書の構成

する専門的知識の情報交換や議論を行うとともに，具体的な調査研究を共同で取り組むことがある。本書はそのような共同研究の一つの，アジアの超高層住宅に関するものであり，具体的には JSPS 科研費 JP16H05755（2016〜2020 年度）の研究助成金を得て実施した研究が中心である。以下この研究と関連づけながら，本書の情報の収集方法について述べる。

　一方，本書を読み進めていただくには，アジアの超高層住宅のとらえ方と，それを本書の対象とすることに意義・意味の理解が重要であろう。本章ではこのために引き続き，「2 アジアの超高層住宅の違い」と「3 海外の集合住宅を対象として研究する意義」を付加した。

(1)　第 1 部：日本の超高層住宅

　第 1 部は本書の筆者による近年の調査研究や小論をもとに日本の超高層住宅を論じたものである。これは第 2 部以降のアジア 4 都市の超高層住宅との比較材料，および第 4 部で日本の超高層住宅の未来を考える上での礎となるものである。

　「1 超高層住宅とは何か」は，これまでの各種調査研究から超高層住宅の特性を整理したものである。超高層住宅とはそもそも従来の集合住宅を高さ方向に大きく超えたものであるが，高層化に伴う 2 次的な建築特性が多くある。また，超高層住宅の理解は立場により映る特性も多様である。これら特性を漏れなく共有することを目指した。

　「2 日本の超高層住宅の事情」は，超高層住宅の計画の変遷を日本全体と首都圏に分けて，時代背景と関連づけて論じた。

　「3 日本の超高層住宅の計画特性」は，1990 年以降竣工の事例データの分析によるものであり，時代とともに，建築形態や技術が変化してきた様相を論じた。

　最後の「4 首都圏の超高層住宅の居住者・生活特性」は，首都圏で実施した居住者アンケート調査の成果をもとに論じた。居住者の属性や意識などにより生活特性を浮き彫りにした。

(2)　第 2 部：アジア 4 都市の超高層住宅

　先述の科研費による研究では，2016 年からシ

表 -1.2　各都市の調査のフレーム

A.　作品事例取集
B.　1次調査
　－1　事例視察調査
　－2　住宅関係者訪問ヒアリング調査
C.　2次調査
　－1　居住者調査
　－2　共用空間・施設の観察調査
　－3　その他　訪問ヒアリング調査

ンガポール・香港・北京・台北の順に，毎年1都市の現地調査を実施した。4都市の調査方法は同一で大きく3つの調査を実施した。（**表-1.2**）

　第一は作品事例収集であり，書籍や不動産物件などのインターネット上の掲載情報をもとに，事例名称や建築特性の概要を把握した。

　第二は現地での1次調査（年度前半）であり，上記の情報から共用空間・施設の状況を勘案して調査対象を選定し，不動産仲介会社等の協力を得て視察調査を実施した。また併せて，現地の専門家や以前より交流のあった研究者から都市・住宅の状況や課題などの情報収集を行った。

　第三は現地での2次調査（毎年度後半）であり，現地での居住者アンケート調査（対面依頼による質問紙調査）（**写真-1.3**），同調査対象事例の共用空間・施設の観察調査および同事例の設計者や管理者に対するヒアリング調査（**写真-1.4**）である。

質問紙調査は現地の大学の協力も得て実施した。

　第2部は都市ごとで章を組み，各章の前半は作品事例収集と1次調査の結果をもとに都市・住宅の概要を，後半は2次調査の結果をもとに論じた。

　なお毎年1～2事例，近年竣工の首都圏における超高層住宅の事例視察を実施し，海外事例との比較が可能なように基礎知識の収集に努めた。

(3)　第3部：アジア4都市の社会特性と高層住宅

　先述の科研費による研究では，最終年度の2020年に過去4年の総括として，オンラインのシンポジウムを行った（**図-1.4**，**表-1.4**）。この〈第1部〉は本書の第1部の一部であり，科研費の研究メンバーに室田教授に加わってもらった。〈第2部〉は上述の2次調査のアンケート調査と観察調査結果の紹介と，1次調査で協力を得た現地の研究者から情報提供であった。前者は本書の第2部の一部であり，後者は本書の第3部である。最後の〈第3部〉は海外からの登壇者を主体としたパネルディスカッションであり，討論を通して各発表内容の相互理解を深めた。

　なお，シンポジウムの2か月後，さらに各都市の理解を深めるために，都市ごとにシンポジウムのパネラー（日本・海外）に日本の集合住宅研究

シンガポール（2016）

香港（2017）

観察調査：香港（2017）

北京（2018）

台北（2019）

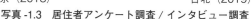
写真 -1.3　居住者アンケート調査／インタビュー調査

ヒアリング調査：香港（2017）
写真 -1.4　その他の調査

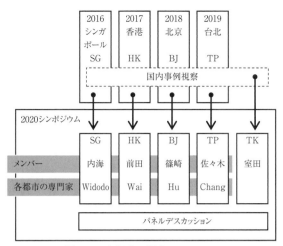

図 -1.4　各都市の調査のフレーム

表 -1.3　4 都市 ONLINE シンポジウム (2020 年) の次第

アジアの超高層住宅　4都市ONLINEシンポジウム (2020年)
『超高層住宅の計画手法と高齢者の孤立居住問題への知見』

＜第1部＞　主旨説明と日本の状況

1-1　主旨説明とシンポジウム全体の構成
<高井宏之・名城大学>

1-2　日本の超高層住宅居住と孤立居住問題
　－川崎市超高層住宅エリアを事例として
<室田昌子・東京都市大学>

**＜第2部＞　4都市の研究成果と超高層住宅の位置づけ・特
　　　　　　性・高齢者居住**

2-1　HDBによる超高層住宅における居住性および共用空間の
　　利用と評価
<内海佐和子・室蘭工業大学>

2-2　高層/高密度の暮らしによる生活しやすい都市としてシン
　　ガポールを計画する
<Johannes Widodo・シンガポール国立大学>

3-1　香港の超高層集合住宅における共用施設・空間の利用と
　　その居住者評価
<前田昌弘・京都府立大学>

3-2　香港における超高層公的住宅のストーリー
<衞翠芷・香港大学>

4-1　北京の高層集合住宅における共用空間：スカイガーデン
　　の利用実態と居住者評価
<篠崎正彦・東洋大学>

4-2　中国の高齢化の特徴と地域整備への取り組み
<胡惠琴・北京工業大学>

5-1　台北における超高層住宅に関する研究
<佐々木誠・日本工業大学>

5-2　超高層住宅の特徴と暮らし
　－台北市・新北市・桃園市の住宅政策の視点から
<張志源・国立台湾師範大学>

＜第3部＞　パネルディスカッション

福島茂（名城大学）＋高井宏之＋室田昌子
＋Johannes Widodo＋衞翠芷＋胡惠琴＋張志源

（所属は2020年当時）

者と設計実務者を加え，オンラインでの情報交換会も個別に行った。ここで得た情報は，パネルディスカッションでの議論も含め本書の全体に渉って有益な情報源となっている。

(4)　第4部：超高層住宅の未来絵図

　以上の成果を踏まえた論考である。まず「1 計画課題」と「2 政策課題」の2つの視点から，日本の将来についてのあり方を論じる。そして最後に，超高層住宅の「3 未来像」を総合的に論じ本書を締めくくる。

　なおここでは日本の超高層住宅のあり方を論じることを基本とするが，これまで日本で蓄積されてきた知見や反省を踏まえたアジア各都市への提言も試みた。また根拠は第3部までで述べた内容とするが，それ以外のこれまでの一連の超高層住宅の研究成果や実務設計で蓄積されてきた経験値も視野に入れて論じた。

補注

［1］　日本の法律上，超高層住宅に明確な定義はないが，一般に「20階建程度または60 m」を超える住宅とされている場合が多く，本論もそれに倣う。

［2］　第1次石油ショックが起こった年であり，この年に実施された「住宅・土地統計調査」で全都道府県で住宅数が世帯数を上回っていることが確認されたため，日本の住宅不足が解消された年とされる。

［3］　高齢化率以外は文献7より転載した。ただし，シンガポールの世帯人数は別データを参照した。おおむね2010年代前半の公的データによる。

参考文献

1）　三井不動産　マンションの系譜　https：//www.mitsui-reform.com/strength/genealogy/

2）　高級マンション/ヴィンテージマンション・名作マンション，タワーマンションの先駆け，三田綱町パークマンション　https：//allabout.co.jp/gm/gc/436867/

3）　不動産経済研究所：超高層マンション動向，2023.4

4）　内閣府：令和4年度高齢社会白書

5）　織田正昭：高層マンション子育ての危険－都市化社会の母子住環境学，メタモル出版，2006.2

6）　山岡淳一郎：岩波新書 生きのびるマンション－〈二つの老い〉をこえて，岩波書店，2019.8

7）　いしまるあきこ：都市データに見る集合住宅，日本建築学会，建築雑誌2015年4月号，pp.4－5，2015

2 アジアの超高層住宅の違い

都市で異なる優先順位と当たり前

　超高層住宅は近代建築の象徴ともいうべき存在であるが，これが国や都市でさまざまな展開を見せている。この最も大きな要因は，地域での生活や住宅の設計に影響を及ぼす要件の優先順位の違いであり，各都市での当たり前の違いである。海外の住宅研究の面白さはこの違いの発見にあり，この発見は日本の住宅の客観化，そして超高層住宅の未来を考える上での強力なヒントになる。

2.1　都市で異なる意味と優先順位

(1)　何の安全性が優先か

　バルコニーを例にとろう。日本では火災安全性が最優先であり，火災時の居住者の避難ルート，上階への延焼防止の手段として，この外部に開放された空間は厳密に維持管理されている。

　これに対し，香港では防犯安全性の点からバルコニーは積極的に設けられず（**写真 -2.1**），上層階であっても開口部や玄関に鉄格子[1] が設置されている場合が多い（**写真 -2.2，2.3**）。また他都市では，防犯性向上や住戸面積拡大を目的に，原設計にあったバルコニーが住戸単位で内部空間化され，これが各居住者の表出の要素となっていることが多い（**写真 -2.3，2.4**）。

　一方，日本では頓着されないことに，戦時等の有事の際の安全性がある。他都市では，地下階や地下駐車場（北京）や住戸内（シンガポール）にシェルターを設ける事例が少なくない（**写真 -2.6，2.7**）。また，台北では戦闘機の襲来時に建物に逃げ込める人数の表示がある（**写真 -2.8**）。まさに有事の対応は設計上不可欠な要件になっている。

(2)　何の利便性が重要か

　中華系の人々は人と人の距離が近く，大の話し好きである。飲茶などでの親戚や友人と語らいはかけがえのない楽しみであり，タクシーに乗ると

写真 -2.1　窓まわり（香港）

写真 -2.2　窓の鉄格子（香港）

写真 -2.3　住戸玄関の鉄格子（香港）

写真 -2.4　バルコニー増築（台北）

写真 -2.5　バルコニー増築（台北）

写真-2.6　住戸内シェルター（シンガポール）

写真-2.7　シェルター兼用地下駐車場（北京）

写真-2.8　防空避難所の表示（台北）

写真-2.9　公園でのダンス（北京）

写真-2.10　木陰での二胡の演奏（瀋陽）

写真-2.11　集会室で麻雀（瀋陽）

降車までドライバーと世間話に花が咲く。

　とくに中国ではこのような志向が強く，朝夕の公園での談笑やダンス，木陰での二胡を囲んでの演奏，集合住宅の集会室での麻雀や将棋などは定番の光景である（**写真-2.9〜2.11**）。彼らにとって，まさに公共空間や共用空間は生活に不可欠な存在である。ただ，このようなライフスタイルも1990年代前半まで続いた中国の社宅制度の中で形成されてきた濃密なコミュニティとの関連が深く，近年の住宅供給の民営化や生活の都市化の中で希薄化してきたとの声も聞かれる。

（3）　各国・地域の気候の中で何が快適か

　日本はなんといっても住戸の南向きが好まれる。このような南面志向は，中国の揚子江より北側など高緯度の地域で見られるが，台湾や香港になると南向きよりも眺望，シンガポールでは逆に強い日差しを遮る日影が価値を持つ。

　シンガポールで心地よい日影を提供しているのが，住棟1階のボイドデッキである（**写真-2.12**）。もともと湿地帯の住宅で，住戸を地面から離す目的から来ている形態であろうが，ベンチも多く設置され人々の憩いの場として，また頻度高く起こるスコールの雨宿りの場として，まさに気候に適合した使い出のある日常空間である。

　一方，シンガポールは中華系・マレー系・インド系からなる多民族国家であり，各民族の冠婚葬祭などの生活習慣は異なっている。このボイドデッキは，それらの違いの受け皿として，多様な利用形態を可能としている（**写真-2.13，2.14**）[2]。

　また香港にも同様なボイドデッキが低層階に見られるが，こちらは高層高密度かつ高温多湿な気候の中で，良好な風通しを実現する手段としての役割を果たしている（**写真-2.15，2.16**）。

（4）　どのようにデザインが決まっているか

　他国・都市では，居室のみならずキッチンやバスルームまで自然換気が求められる。このため，住棟の基準階平面は凹凸の多い，外壁率の高い形態となっている。この形態は外観にも大きな影響を及ぼし，結果として縦線強調のデザインとなっている（**写真-2.17**）。例えば，香港では中国返還直後の空港移転に伴い建物の高さ制限が撤廃され，30階程度の住棟が40〜60階程度に移行したが，上記の形態がそそり立つような都市景観を生み出している。なお，外壁の凹凸で外部からあまり見えないスリット状のスペースができるが，ここは設備の縦配管や洗濯物干し場として活用されている。

　一方，外観にかかわるできごととして，以前北京

写真 -2.12　1F ボイドデッキ（シンガポール）

写真 -2.13　結婚披露宴の準備（シンガポール）

写真 -2.14　葬式の会場（シンガポール）

写真 -2.15　3F ボイドデッキ（香港）

写真 -2.16　3F ボイドデッキ（香港）

写真 -2.17　住棟外観（香港）

の海淀地区の集合住宅の屋上増築が話題になったが，それほど大規模ではないが，台北の集合住宅の多くで鉄骨造の屋上増築が行われている（**写真-2.18**）。これは先述のバルコニーの内部空間化ともあいまって，居住者の空間欲求に対するエネルギーとともに，建築外観や法規に対するおおらかさを感じることができる。

(5)　何のための超高層住宅か

　シンガポールでは，超高層住宅が林立する足元には広大な緑豊かなオープンスペースが拡がっている。香港では平地が希少なため，急峻な斜面地にも旺盛な住宅需要に対応するべく超高層住宅がたくましく計画されている。また，超高層住宅が対象とする所得階層も都市によって異なっている。このように，各都市の地勢や住宅事情の中で，超

写真 -2.18　屋上増築（台北）

高層住宅の住宅市場における位置づけ，都市・住宅政策上の意味は大きく異なっているようだ。

2.2　近年のアジアの国・地域で起こっていること

　2010 年代半ばより，複数のアジアの住宅供給者や住宅研究者との会合で，近年着目されている建築計画面のテーマを尋ねたが，気になることがいくつかあった。第一は今後着目する計画課題であり，共通して高齢化対応・環境配慮・サステナブルといった，我々にとって耳慣れたキーワードばかりであった。工業化（中国）やデザインの奇抜さ（シンガポール）など，とくに力を入れている事項もあるが，こと計画に関しては他都市の動向を研究しつつ同じ方向に向かっていた。

　第二は，グローバル化の中で海外の投資が流入しているのであろうか，住宅価格が急激に高騰している。またそれに呼応する形で，計画地の不動産価値（総額）の最大化を目指し，高層高密化が加速されている。このような動きが，計画やデザインの新たなアイデアを創出している側面も確かにあるが，超高層住宅がマネーゲームの手段では

表 -2.1　香港とシンガポールの超高層住宅の基準階平面の例

	1980年前後（竣工）	2010年前後（竣工）
香港 （民間分譲）	 Taiko Shing	 The Rise
シンガポール （HDB分譲）	 5 Room Improved	 Toa Payoh Redevelopment Contract 30

なく，「居心地の良い住まい」実現に向かうことを願いたい。

最後は，計画手法が確実に進化していることである。表 -2.1 に 25 年間の住宅の基準階平面の変化を示した。25 年前は実用重視の住棟単位の標準設計が多く見られたが，2010 年時点では住戸単位での標準化となり，その標準化も事例単位で行われているようだ。

2.3　各都市での当たり前の解明への期待

以前北京の民間企業と大学建築学科との会議で，中国の集合住宅地はなぜ塀で囲まれているのかとの疑問を投げかけた。共に瞬間，何故そのようなことを聞くのかという空気に包まれた。そして，さまざまな理由が個々に語られた。要は，彼らにとって当たり前のことに疑問を投げかけられ戸惑った訳である。確かに，中国では城郭都市や四合院住宅など，建物や塀で囲まれた形態が受け継がれてきた。本書では，時代の変化の中で各都市で具体化している設計・管理や居住者の反応な

どを扱うが，このような中には日本人とは異なる多くの「当たり前」があり，日本の超高層住宅の未来を考える上での強力なヒントがある。

補注

[1]　鉄格子は共用玄関のみならず，各住戸玄関にも設置されている。シンガポール・中国・台湾でもこれら鉄格子は大変よく見かける。

[2]　他国では住戸インフィルを居住者の意思でしつらえる方式が，初期建設費を抑える目的で一般的であるが，シンガポールでは上記の3民族の好みの違いを反映する手段として有効に機能している。

コラム　超高層居住におけるコミュニティとは

団地計画論の発展とともに展開した概念

　コミュニティとは「社会学でもあいまいな語の一つでほとんど意味が確定していない用語で，人と人との間に存在する基底的な関係性」をいう。それは，時代や世代，世帯像やそのサイクル，地域ごとにさまざまに異なる概念で無造作に使用されている概念である。しかし，コミュニティの理念は団地計画論や空間論の発展とともに展開してきた概念のように思う。戦後初期の頃の団地は，地方から流入する若いファミリーを主たる対象とし，居住者間の共同意識（コミュニティ）を醸成することが強く意図されていた。しかし，時代とともにコミュニティに対する意識も変容している。団地は徐々に高層高密化も進み，住棟間の外部空間だけでなく，住棟内の共用空間の活用によるコミュニティ空間が多く見られるようになった。

　しかし，超高層住宅においては，コミュニティ空間やコミュニティ醸成の仕掛けは徐々に機能不全に陥っているようにも見える。実際，高層住宅団地につくられた住棟内のコミュニティ空間は使用されないまま放置されたり，用途が変えられたり，鍵が掛けられて閉鎖されたりする空間も見られる。だが，これをもってコミュニティ空間等の不要論を展開するのは乱暴な議論である。現在の人々は，日常的，常態的な「つながり」を求めているわけではないが，非常時や子育て期，介護期などの条件に合った時に活用できる緩やかな「つながり」を欲しているように見える。このための，きっかけとなる緩やかなコミュニティとその空間のあり方が問われているともいえる。コミュニティ空間はコミュニティ活動やコミュニティの醸成を意図されてつくられ，現在の居住者にそのまま適応することが少ないことも実態である。しかし，近年の団地計画もコミュニティ空間を徐々に団地外にも開いていく方向や，多様な者に適合できるよう対応すべく改修されていくものもみられる。その際すでに形成されている種々の空間や仕掛けが手掛かりとされてもいる。

居場所の未来を求めて

　これから求められるコミュニティは緩やかな「つながり」であるとすれば，それは非常時等には「絆」になる基底的な関係性の構築であり，日常的には強く意識されない仲間意識である。これは共同体意識というより帰属意識に近い価値意識でもある。これを故小林秀樹氏（元千葉大学教授）は「テリトリー」と見事に表現していた。そのための空間は決して共同生活や活動の場ではなく，個人個人の居心地の良い場であり，個人のアイデンティティーを感じさせる空間であろう。こうした居心地の良い場に共存することよって，顔見知りとなる緩い近隣関係を構築し，これが一定の条件下や非常時に絆となって機能することが期待される。

　日本の超高層住宅は都市の高度利用の追求の結果として多く建設されてきたが，共用部分については事業性の追求のためか限定的であった。そこには，こうしたコミュニティ空間のあり方の議論は極めて希薄であったように見える。時代は大きく変わり，今や都市居住が一般的になる状況の中，地域社会との関係や自然災害や都市災害への対応に向けて，都市居住の先端を走る超高層住宅におけるコミュニティ空間のあり方を議論することが極めて重要な時代になってきたように思う。

（川崎直宏）

3 海外の集合住宅を対象として研究する意義

海外から学ぶ

　わが国が，海外の集合住宅事情や計画理念，計画手法から学ぶ歴史は古い。

　私たちがよく知るところでは，森鷗外が1884〜1888年の4年間で当時のドイツの公衆衛生を学ぶ過程で，わが国に多くの知見をもたらしている[1]。

　関東大震災後（1923年）の翌年に設置された同潤会の技師たち[2]は，当時のヨーロッパ諸都市の集合住宅から多くを学び，同潤会アパートメントの計画・設計に影響させている。

　そして，団地，ニュータウン，田園都市は，元となった諸外国の計画理念や理論，形態に変化があったにせよ，海外のそれらを研究したことによる移入であるといってよいだろう。当時の日本特有の事情や条件に合わせてカスタマイズされたものである。

　超高層住宅に関しての海外研究の歴史も古く，1971年にはすでに雑誌「都市住宅」において，当時の超高層住宅研究会[3]のメンバーによって，その特集が組まれている。そこでは，当時の日本ではまだ考えられてもいない海外の集合住宅の事情や特徴が語られている。

　これらはほんの一例であり，集合住宅にかかわる海外研究は歴史的にも多種多様にある。海外といってもさまざまな国や地域があるし，住宅の種類や形態も多様である。それらを掛け合わせた研究[4]も多様にある。

　それでは，本書が対象とする「アジアの超高層住宅の研究」は，なぜ「アジア」の「超高層住宅」なのか。ここからは，このことについて，いくつかの論点で整理してみたい。

3.1　研究対象としての「アジア」

　海外を研究対象とする場合，どの国や地域にするか，という問いがある。この問いから研究にアプローチする場合，ある事象やテーマについてどの国や地域が類似しているかを，まず探ることになる。例えば，「超高層住宅居住が一般的な国や地域はどこか」という探索からのアプローチとなる。そうすると，超高層住宅が一般的な居住形式となっている対象としての国や地域を絞り込んでいくことができる。ニューヨーク，ロサンゼルス，香港，シンガポールあたりになるだろうか。ヨーロッパにおいても，住まいとしての高層居住は1970年代後半からは拒絶された経緯はあるものの，近年都市再生の一環として中心部に超高層住宅が建つようにはなっている。そのような経緯を含めて対象とすることはできるだろう。

　このように，欧米，アジア，日本という分類によって対象を絞り込むことはできるだろう。だが，なぜ「アジア」かについては，答えられていない。アジアに絞り込むためには，時間軸を含めた整理も必要になるであろう。

　ご存じの通り，発展途上国であったアジアの経済は，1人あたりGDPでは日本を追い越すところもでてきていて，日本はあせりを感じている。また，距離的に近い日本とアジアの関係は，いまや経済的な一体性を持った地域といってもよい。新型コロナ禍においてとくに製造分野のサプライチェーンが打撃を受け，日本では製品の供給が滞ったことは，それを物語っている。さらなるグローバル化の進展の中で，国境は伸縮しており，日本とアジアの関係はさらに混じり合って展開していくことになる。

　かなり長い間，欧米文化圏 vs 非欧米文化圏と

いう区別が，社会から学問に至るまで，多くの分野を支配してきていた。経済領域が多くの決定要因となっている現代において，このような区分では課題を解決できない時代ではなくなってきていることは明らかである。このようなことから，アジアを対象として研究することは，日本のこれからのありようを探るために，過去にも増して不可欠になっている。

3.2　研究対象としての「海外の超高層住宅」

また，グルーバル化は，それぞれの国や地域ごとの超高層住宅に対する計画理念や手法を，さらに多様に変化させてきている。初期の超高層住宅は，他国のそれを参考にして，ドメスティックな条件によって計画や手法をカスタマイズして開発された経緯があるだろう。

(1)　ドメスティックな超高層住宅の計画

ドメスティックな住宅や居住様式は，超高層住宅に限らずすべての住宅に一貫して存在する。都市や住宅を構成する要素は多くあり，人々はそれらの要素をこれまでに形成，維持，改善し人々に適合させてきた。それと同時にこれらの要素は，人々の価値観，行動，意識に影響し，順応させてきている（図-3.1）。つまり，人々と都市や住宅の構成要素は相互に影響し，作用しあっている。

その関係が，その国の伝統的な様式を生み出している訳である。

これらの関係を前提とした，アジアの住宅，居住，居住文化の研究は日本では歴史と伝統があるところである。アジアの居住については，計画や状況，問題に至るまで，属性の共通性や相違性を確かめるためのフィールド調査を始めとした調査研究が進められてきた。それは，日本とアジアの住宅と居住に関する認識の欠如を埋めるものでもあった。

アジア諸都市の発展の中で，住宅の高層，高密化の歴史は，都市計画，人口分散計画とともに進んできており，その中での調査，研究も進められている。

(2)　非ドメスティックな計画

しかし，グローバル化による人々の移動のボーダレス化は，ドメスティックな居住形式や形態の固定化を認めないであろう。例えば，外資系のビジネスマンが求める住宅を提供しなければ，販売競争に打ち勝っていけないようなことである。

さらに，SDGsやカーボンニュートラルへの対応は，住宅の計画にわが国の固有性を遠ざける傾向にある。SDGsはグローバル指標であり，いかに日本でのものにローカライズするかが問われているものの，設定は難しいところである。

カーボンニュートラルや脱炭素のための計画手法においても，いわゆる日本に伝統的な住様式や

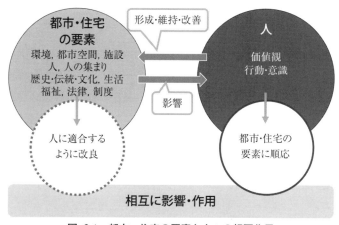

図-3.1　都市・住宅の要素と人々の相互作用

形態は，その効果が薄いとされ，世界のスタンダードな形態に向かう方向性にある。

そうすると，日本やアジアの住宅であっても，常に変化を伴うものとなっていく。超高層住宅にあっても状況は同じである。

これらの傾向を踏まえていくと，超高層住宅に関しては「アジア」が，超高層住宅を立地させている諸都市中でも，強い特性を有しているという仮説を立てることができるだろう。

3.3　海外研究の目的

次に，日本以外の海外の対象を研究することの意義，目的について考えてみたい。海外研究の目的は昔から，「実践的」か「学術的」かの2面性がある。実践的とは，実践的な技術（計画技術）の展開を狙う技術志向のもので，学術的とは，新たな知の体系を構築したり，あるディシプリン（本書の場合は，建築計画学，建築学）の深化，発展を狙うものになる。もちろん，それらの側面がそれぞれ独立している場合もあるし，相互がフィードバックしあう関係の場合もある。ここから，それぞれの意義について少し，詳しく考えてみたい。

(1)　実践的な技術（計画技術）の展開

社会の中では，ある対象をイノベーション展開するための実践的な技術や計画技術が求められることが多い。未解決のイシューは何かが設定できていて，海外の対象を探ることで有効な解が得られることも多い。

実践的な技術の展開では，どちらかというと，現場ですぐに役立つアイデアをみつける研究になりがちで，実用主義であることが多い。実践的な計画技術の展開に対して科学的な論拠を探る研究も多い。現在の学問上で議論されている「役に立つ」研究というのは，このようなものである。もちろん，日本の社会はこのような形で海外に学び，発展を続けてきたことも否定できず，今後も実用的な技術を展開するための海外研究は進められる

であろう。

一方で，ディシプリン（建築計画学）を利用して得られた知見が現場にフィードバックされて，イノベーションされることもあるので，基礎研究がまったく役に立たないという訳ではない。

(2)　建築計画学の発展

次に，その建築計画学の発展の側面からみてみたい。

実践的な研究はイシューが明らかになっている場合が多い。一方で，イシューはどこになるのか，つまり，私たちは何を求めているのかがあまり明らかになっておらず，海外との比較をすることによって，新たなイシューを探り，その解を求める研究が進むことがある。本書では，アジアの超高層住宅を研究する中で，日本における計画の理論と実態のギャップを解明することにつながることになるだろう。

この建築計画学上の海外研究は歴史がある。他国の対象を知ることによって日本のそれの特質を正確に認識していくような研究である。そして，その対象・地域に対する新たな影響や相互関係などの理解を深めていくような研究でもある。これらの研究から生まれた知見とその蓄積は，集合住宅の学問や建築計画学にフィードバックされ，そのディシプリンを発展させてきた。

3.4　海外研究の注意点

最後に海外研究を進めるにあたって注意すべき点についても考えておきたい。

まず，海外研究で必ずつきまとう問題が，その対象とする国や地域の属性や背景の違いである。研究の目的や成果には，「国や地域の背景や事情が異なる」「そのままでは日本に導入できない」「得られた知見やエッセンスは参考にはなる」といった仮定が含まれることが多くなる。

本書のように，一対一の比較ではなく，複数の国や地域の比較である場合は，比較すべき項目はより多様になり，すっきりした整理は難しい。そ

れぞれの国や地域の超高層住宅の計画理念や計画
が，それぞれの事情や背景によって異なるためで
ある。ある一定の項目に絞って分析していこうと
すると，それぞれの国や地域の独自性や先進性を
把握しきれないおそれがでてくる。それでは，比
較研究の求める姿ではなくなってしまう。

　そのため，まずは比較研究により日本の超高層
住宅の特性・個性を正確に認識することから始め
たい。そして，共通性と相違性を明らかにした上
で，日本の超高層住宅を正確に基礎づけ，比較対
象としてのそれぞれの国や地域の計画理念や手法
のエッセンスを導き出していくことが理想になる
であろう。

　ただ，実践的に役立てるためには，このような
仮定を超える，つまり「国や地域が違う」ことを
免罪符にしないような結論を導きだす必要がある。
これらの導き出し方が必要になるのは，日本と比
較研究の対象とした国や地域の未来やあり方を提
案することになるからである。本書の場合は超高
層住宅の未来のあり方である。さらには，その提
案に必要な手法や手段を提示したり，その結果に
ついて予測したりすることも重要である。

　また実践的であるだけでなく，それらがその
ディシプリンの発展につながるように位置づけて
いくことも求められる。ディシプリンの発展は，
それ自体だけではなく，学際的で多様な方法論で
の研究が現在は重要である。それは解決できない
未知のイシューを見つけだして，その解を求めて
いくことが現代社会と学問分野に不可欠だからで
ある。

　それらのイシューは建築計画学だけでは解決不
可能かもしれないし，学際性を取り入れることや，
国や地域の要素と計画の相互作用を解明すること
によって可能になる可能性があるためである。

参考文献

1） 石田頼房：森鴎外の都市論とその時代，日本経済評論社，
1999
2） 川元良一：共同住宅舘と衛生價値，常置委員報告，日本
建築学会，1922
3） 超高層住宅研究会：特集超高層住宅を考える，都市住宅，
1971
4） 建築計画委員会・研究方法WG：計画研究の新しい視
座を求めて－アジアにおける住居・集落研究の蓄積を素
材に－，日本建築学会，1996

日本の超高層住宅

日本の超高層住宅とは何ものか——第1部の概要

第1部の役割

本書の主役はアジア4都市の超高層住宅であり，第1部はこれを引き立てるのが役割である。その役割は主役に対する好奇心を持たせ，期待を高めることにある。好奇心とは超高層住宅に対する興味であり，読者が現在取り組む研究や業務からくる問題意識と考える。第1部では日本における状況や計画特性を素材とし，超高層住宅の理解の枠組みとそもそもの問題点や検討課題を明らかにする。そしてこの過程は，日本との比較評価からアジア4都市の超高層住宅の特徴の理解を助けることになる。

一方，超高層住宅は時代の先端を歩む未来住宅であった。これが戦後需要を獲得し，2000年以降は首都圏一都三県で建設される分譲住宅[1]の1割を占める存在となっている。第1部はこの住宅が戦後どのように歩み，どのような形態を持ち，住む人々がどう考えているのかを見ることにより，社会や人の変化も踏まえた日本の超高層住宅の歩みを明らかにする。そして，第2部と第3部を踏まえた上での，第4部の日本の超高層住宅の未来絵図を描くためのベースとなる。

超高層住宅とは何か（1章）

日本にはじめて超高層住宅が登場したころ，それはまさに「超想像住宅」であった。都市における建築として，住まいとして大丈夫なのか。経験的に確信を持てない未知なるものに対し，さまざまな思いが巡らされ議論があった。実際超高層住宅には他の集合住宅と異なる固有の特性があるが，この章では，この多様な特性を整理し，超高層住宅の理解のための基礎を形成する。

日本の超高層住宅の事情（2章）

その固有の特性に注目すると，各時代で着目・評価され，社会の中で力を発揮するかが大きく変化してきた。この章では，背景となる住宅事情などを踏まえながら，上記の現象がどのような変化を辿ってきたかを明らかにする。また特に首都圏について，立地による購入目的や購入者層の違い，行政の取り組み，危惧される諸問題について論じる。

日本の超高層住宅の計画特性（3章）

日本の超高層住宅は，海外と異なる固有の特徴を持ちながら進化してきた。その要因には，日本の気候と地震の多さ，技術の進歩とその適用を可とした法制度などの違いがある。またそもそも住宅は属地性が強いものであるが、はじめの2章でも述べたように我々が日本の社会・環境の中で「当たり前」と思い込んでいるものも少なくない。この章では，1990年以降の事例をもとに，日本の超高層住宅の固有の特徴を描き出す。

首都圏の超高層住宅の居住者・計画特性（4章）

超高層住宅にはどのような人が住んでいるのか。何を評価して移住してきたのか。高齢者の生活はどのような状況か。この章では，首都圏郊外エリアでの居住者アンケート調査（2017年と2020年に実施）をもとに，居住者と住宅の特性，生活特性，近隣関係・社会関係，および共用空間の利用と近隣関係について，実態を明らかにすると共に，超高層住宅の将来に向けた課題を論じる。

補注

［1］　住宅着工統計上の住宅の分類の一つであり，「建て売り又は分譲の目的で建築する住宅」を意味する。

1　超高層住宅とは何か

5つの基本特性を持ちプラス・マイナス混在

　超高層住宅は，実に多様なとらえ方がなされる。住宅供給者は都心立地の大規模物件，建築設計者はランドマークとなる存在感ある建築，居住者は都市施設や生活関連施設が近くにある眺望の良い住まい，心理学の研究者はプライバシー重視かつ居住者が外出しにくい住環境。立場や視点によってとらえ方は多様，かつ評価も大きく変わりそうだ。

　これらのとらえ方を起因する超高層住宅の特性で整理すると，**表 -1.1.1** のように「住戸・住棟レ

表 -1.1.1　超高層住宅の特性と影響 [1]

超高層住宅の特性				影響	
				プラス	マイナス
住戸・住棟レベル	高層性	視覚的環境の変化	眺望	○	
			高所恐怖		○
			心理的刺激量の減少		○
		自然環境の変化	日当たり	○	
			風の強さ		○
		その他環境の変化	騒音の大きさ		○
			屋外への日常的距離拡大		○
			屋外への避難時距離拡大		○
	垂直性	上下階の拘束性	縦動線の負荷増大		○
			構造の重要性拡大		○
			縦方向設備の負荷増大		○
	大規模性	計画要素の増大	共用施設の確保	○	
			用途の多様化・複合化	○	○
		集積効果の拡大	共用施設設置の負担低下	○	
			設備システム設置の負担低下	○	
			建設の効率性向上	○	
	閉鎖性	相互認識度低下	防犯性能の低下		○
			相互無関心の加速		○
		心理的ストレスの増大			○
	高密性	物理的距離の減少	住戸間の騒音影響拡大		○
団地・都市レベル	高層性	視覚的影響の拡大	ランドマーク性	○	
			シンボル性	○	
			圧迫感		○
		その他環境面への影響	日影		○
			電波障害		○
			風害		○
	垂直性	低建蔽率	オープンスペース確保	○	
	大規模性	都市インフラへの負荷増大	交通量		○
			生活環境施設		○
			生活利便施設		○
			公共生活サービス		○
	閉鎖性	周辺地域から遊離	コミュニケーション・ギャップ		○
	高密性	地価負担力大	価格・家賃の低廉化	○	
			高地価立地の可能性拡大	○	

ベル」と「団地・都市レベル」ごとに，高層性・垂直性など5つの基本特性と細項目になる。また細項目には影響面でプラスとマイナスの両者が混在している。超高層住宅のあり方を考える上での基本は，プラス項目を伸ばし活用し，マイナス項目を低減し克服することに尽きるが，その時には立地する地域・都市そしてその社会の中でそれぞれの項目の重要度を勘案し，総合的に超高層住宅をとらえることが肝要である。

1.1　住戸・住棟レベル

(1)　そもそもどのような形の建築か

a. 高層であることと基準階平面

　一般的に20階以上の集合住宅が超高層住宅と呼ばれるが，高層であるためには住宅がいくつかの特性を備える必要がある。その第一は地震に対抗できる耐震性能であり，技術の進歩に合わせ住棟は徐々に高層化してきた。第二は大きな基準階（標準的な階）の面積である。耐震性能を高める方法の一つに，建物高さに対する横幅の比（通称アスペクト比）を大きくする，どっしりした形態にすることがある。また，地震波はさまざまな方向からやって来る可能性があるため，基準階平面はXY軸どちらの方向にも耐震上有利になる，正方形に近い形態が多く見られる（**表-1.1.2**）。

b. 大規模であることと住棟形態

　規模の大小は総戸数に現れる。最も出現頻度の多いのは300戸程度であるが，この規模はまさに「街」のスケールである。一方，住棟形態は単棟と複数棟に分けられるが，敷地が大きい場合は複数棟として階数を抑え，敷地が小さい場合は単棟でより高層化し総戸数を多く確保する傾向にある。また，用途の住宅中心／用途複合の別を見た場合，都心立地ほど低層階に非住宅の用途が入っているケースが多い。

(2)　眺望・日当たり－高層性の恩恵

a. 眺　望

　超高層住宅の住戸環境の最大の売りは眺望の良さである。眼下に広がる建物群もさることながら，遠方に臨むことができる山なみや川の流れに，大自然を感じることができる。高所恐怖症の筆者であっても，これらの眺望には一種のすがすがしさを覚える（**写真-1.1.1**）。

b. 日当たり・明るさ

　一般に日当たりとは太陽の直射光を指し，周辺に同じような高さの建物がない場合，この直射光は遮られず日当たりは良好となる。一方，高層階になると天空光[2]が視界を大きく占めるようになるが，これは方位を問わない「明るさ」を各住戸にもたらす。

c. 高いところのデメリット

　高さのもたらす高所恐怖，屋外への距離拡大に伴う外出への負担感，火災時の避難への不安感の増大などは，居住者の行動や心理に影響を与え

表-1.1.2　基準階平面の形態

板状		搭状	
階段室型		中廊下型	センターコア型
スキップフロア型		ツインコリダー型	ボイド型
片廊下型			

写真-1.1.1　岐阜シティ・タワー43展望室からの眺望

る。また市街地上空の風速は，ビルや樹木の影響のある高さ（境界域）までは高さの0.2～0.25乗に比例し大きくなり，地上1m付近での風速に対して高さ100mでは2.5～3倍程度の風速になる[2]（図-1.1.1）。このような高層階の風の強さや風が強い日の多さは，窓を開けそよ風を招き入れたり洗濯物をバルコニーで干すなどの，中低層の住宅ではあたりまえの生活行動に制約をもたらす。

(3)　地震・風対策－垂直性の克服

a.　地震力

　垂直方向に縦長の形態は，建築に地震時の強固な構造耐力を求める。このために，超高層住宅計画は常に多くの先端技術が開発される場であり，耐震構造におけるSRC造・高強度コンクリート・鋼管コンクリート，そして近年の免震構造と制振構造（図-1.1.2）へと技術が進化し，現在では事例の半分以上で免震構造と制振構造のどちらかが採用されている。

b.　風対策

　高層階の風の強さは，住戸の通風の問題とは別に，台風などの強風時については住棟全体への荷重として考慮する必要がある。日本のような地震国では，地震力を考慮し構造設計されていれば風荷重対策は充足されるが，長周期の揺れ（ゆっくりした揺れ）はこれとは別に考慮されなければならない。急速な建築の高層化が追及されていた1970年代，ホテルやオフィスと同様に集合住宅も鉄骨造などのやわらかい構造（柔構造）で設計された時代もあった。しかし，長時間に及ぶ長周期の揺れは，夜間睡眠を取る住宅には適さない場合もあり，現在では超高層住宅はコンクリートを用いた固い構造（剛構造）で設計されるようになり，長周期の揺れの問題はおおむね解消された。

(4)　用途複合と共用施設－大規模性の効果と課題

a.　非住宅用途の成立可能性と多様性

　1000戸の超高層住宅を例に挙げよう。ここではコンビニエンスストアが1店舗成立し，必要なものが24時間稼働するEVの移動のみで手に入る。また地域によっては，喫茶店も複数成立する[3]。このように，超高層住宅では大規模であるがゆえ，個人では利用頻度の少ない施設であっても経営的に成立するようになる。また，都市立地が可能な建築形態のため，敷地周辺の需要も獲得し用途が多様化・複合化する傾向にある。

　一方この大規模性は，同じ理由で居住者が利用する共用施設の多様化ももたらす（表-1.1.3，図-1.1.3）。このような充実した施設は1990年代から集合住宅で一般化したが，とくに超高層住宅でその傾向が顕著である。

b.　多様な生活場面の実現

　共用施設には，集会や趣味の仲間などの集いや，フィットネスやゲストルームといった特定の個人が時間を過ごすなど，多様な生活場面の実現が可能となる。とくに集会や集いの機能は，居住者間の良好なコミュニティ形成にかかわり，災害時に

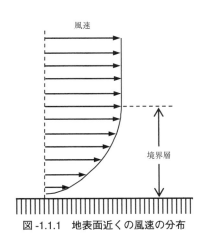

図-1.1.1　地表面近くの風速の分布

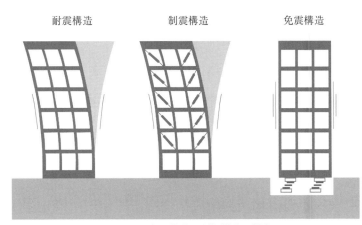

図-1.1.2　免震構造と制振構造の技術

表-1.1.3　共用施設の種類（例）

大分類	小分類
ロビー・ラウンジ	ロビー，カフェラウンジ，サロン
店舗	コンビニエンスストア，ミニショップ，ベーカリー
AVルーム	シアタールーム，音響スタジオ，カラオケルーム，ピアノルーム
運動施設	フィットネス，ゴルフスタジオ，アリーナバスケットコート，
スパ・プール	プール，温水バス，ジャグジー，サウナ，リラクゼーションルーム
子育て支援施設	託児所，キッズルーム
ライブラリー	図書室，オフィスルーム，スタディルーム，レンタル個室
集会室・多目的室	集会室，多目的ホール，ミーティングルーム，和室，会議室
パーティールーム	パーティールーム
展望ラウンジ	スカイラウンジ，眺望ラウンジ
ゲストルーム	ゲストルーム
屋上施設	屋上庭園，展望デッキ
その他	ギャラリー，ペットルーム，DIYルーム，クラフトルーム，ホビールーム，アトリエ，エステ

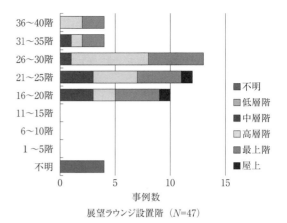
展望ラウンジ設置階（N=47）

注）高層階とは，最上階を含まない最上階より下の5層分の階。低階層とは地上階を含めた5階。中階層とはその間の階を指す。

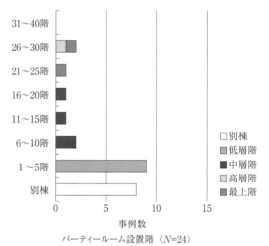
パーティールーム設置階（N=24）
図-1.1.4　共用施設の設置階
（2000年代前半の首都圏の新築事例）

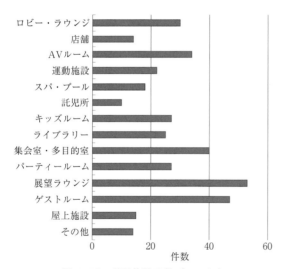
図-1.1.3　共用施設の数（N=85）
（2000年代前半の首都圏の新築事例）

不可欠な共助の関係の強化にも寄与する。

ところで，共用施設にはそれぞれ適する位置がある（図-1.1.4）。最も有利なのは多くの居住者の通り道となる共用エントランス近辺であるが，眺望が価値を持つものは高層階に計画されることが多い。

c．大規模であることの課題

総戸数が増えると居住者間で顔見知りかどうか

の判断が難しくなり，居住者の匿名性が増大する。これは高いプライバシーの実現につながるが，逆に防犯性能の低下にもつながる。この克服には，居住者の建築防犯に対する関心とともに，設計面での空間領域の明確化やセキュリティシステムの整備が必要になる。

（5）人にやさしい住環境？ ——閉鎖性と高密性の認識

a．コンパクトな設計とプライバシー重視

塔状の建築形態は，無駄やゆとりを排除した効率重視のコンパクトな設計になりやすく，このような高密度な住環境では，人はプライバシー重視の閉鎖的な生活に陥りやすい。また，高層階にな

ると目や耳から入ってくる環境刺激も少なくなるため，心理的なストレスも溜まりやすくなる。

b．住環境の認識と居住者の生活

　プライバシー重視の設計は，匿名性を求める居住者にとって居心地が良いが，コミュニティ志向の強い居住者や孤立化が問題となる単身者にとっては，優しい住環境とはいえない。良好な生活環境の実現には，居住者のこのような住環境の特性についての認識，および積極的に外出したり，コミュニティ活動を通し人とかかわる機会を持とうとする行動が重要になる。

1.2　団地・都市レベル

(1)　建築が及ぼす影響は何か

a．高層であることと大規模であること

　団地・都市レベルの特性は周辺住民や地域・都市にかかわるものである。高層であることは，超高層住宅が周辺から見える空に姿を現すことにつながるが，その空中に存在する諸要素に影響を及ぼす。また住棟には多くの居住者が生活するが，そのことが周辺道路や上下水道などの負荷となる。このように，超高層住宅は周辺地域にとって大きな変化をもたらすことになる。

b．垂直であることと建築面積

　超高層住宅はその垂直性から縦長のスリムな形態になる。その結果，同じ延床面積の中高層の建物と比べると1階の建築面積は小さくなる。

写真 -1.1.2　屋上庭園の事例

(2)　空中にそびえ立つ－高層性の複雑さ

a．ランドマーク・シンボル性

　空中に立ち上がる姿の視覚的影響は大きい。それは都市景観を大きく変えるものであり，地域のランドマーク，地域発展のシンボル，視覚的圧迫感などさまざまなとらえられ方がなされ複雑である。

b．空を遮ることの負の側面

　空中には目には見えないいろいろなものが浮遊している。太陽光，電波，風である。超高層住宅はこれらを遮る形となり，日影問題・電波障害・風害などの負の影響が現れる。

(3)　スリムな形態——垂直性と高密性の効果

a．低建蔽率とオープンスペース

　敷地に占める建物の割合（建蔽率）は小さいため，敷地では緑地・水面・子供の遊び場などの計画が可能になる。また，この土地が公開空地などの形で周辺住民も開放されると，地域貢献にもつながる。

b．低建蔽率と土地利用

　この低建蔽率を土地側から見た場合，同じ規模の敷地でより大規模の建築を実現でき（高密性），いわば土地の高度利用が実現される。逆に低建蔽率を建築側から見た場合，同じ規模の建築に必要な土地が小さくなるため，土地価格の負担が軽減される。その結果，超高層住宅は価格・家賃が安くなり，高地価の立地にも成立しやすくなる。これら諸要素は相互に関連しさほど単純でないが，少なくとも超高層住宅は限られた広さの，土地代の高い立地にも住宅を実現する手段となっている。また超高層住宅が堅調に一定の需要を獲得してきたのも，この特性によるところが大きい。

(4)　周辺への影響——大規模性の克服

　先述のように，超高層住宅は周辺道路や上下水道などの負荷増大をもたらすが，交通量，都市インフラの容量，教育施設や公園などの規模，公共生活サービスの能力などについて，超高層住宅の計画段階に影響の評価が行われる。

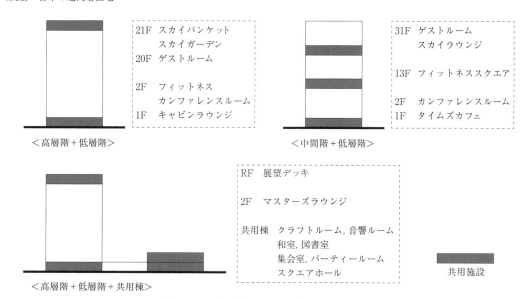

図-1.1.5　共用施設の設置パターンと具体例

（5）　地域とのコミュニケーション－閉鎖性の克服

　新しく登場した超高層住宅は地域への新参者である。居住者を生活面で支える組織に，管理組合（区分所有形式住宅の場合）と自治会がある。超高層住宅はその大規模性から単独の自治会となることが多いため，地域に対して閉鎖的になりやすい。しかし，地域レベルの問題解決や大規模災害時の対応には日常の地域との良好なコミュニケーション形成が不可欠である。上記の組織を横につなぐ組織として，前者に連絡協議会，後者に地域の連合自治会などがある。これらを通じた活動により，地域から孤立しない，融和のとれた地域との関係づくりを構築する必要がある。

分かる日本の「いま」喫茶店の「いま」，2016.5　https：//www.stat.go.jp/data/e-census/topics/pdf/topics95_2.pdf

補注
［1］　文献1）の60頁に掲載の表を加筆した。
［2］　太陽の光のうち，大気中の水蒸気や塵などによって拡散されるか，雲から反射されて地面に到達するものを意味する。

参考文献
1 ）　高井宏之：超高層集合住宅の空間構成に関する計画論的研究，京都大学博士学位論文，1992
2 ）　ビル風対策　不動産環境センター：ビル風の原因　http：//taisaku.birukaze.com/category/1876429.html
3 ）　総務省統計局・統計トピックスNo.95 経済センサスから

2 日本の超高層住宅の事情

変化してきた超高層住宅の意味

　日本の超高層住宅の多くは三大都市圏に立地する。1973年までの「量の時代」にはその大規模性と生産効率の高さが着目され，公的主体による賃貸住宅が主流であった。1980年以降の「多様性の時代」には高層性による眺望の良さや高密性による立地の良さが着目され，多様な住宅形式の一つとして，民間デベロッパーによる分譲住宅が主流となり定着した。さらに1990年以降は産業構造の変化と規制緩和の中で高密性による地価負担力の大きさが力を持ち，建設が加速された。このように，超高層住宅は住宅需給や社会動向の変化の中で着目される特性，つまり超高層住宅の意味が大きく変化しながら建設が進んできた。

　一方，首都圏の超高層住宅は2000年以降急速に増加しており，立地するエリアによって需要者・居住者の住宅取得の目的や管理組合の状況が異っている。増加の理由は資産価値が下落しにくいことと通勤・生活の利便性であり，行政の都市再生特別措置法などの政策も増加を後押ししている。しかし，維持管理や地域防災，交通利便性や生活利便施設の不具合も危惧されている。

2.1　日本の都市・住宅事情・建設動向

(1)　都市と立地

　国土に占める可住地面積の割合は約30％で，その中の限られた地域に人口が集中する。超高層住宅の多くは三大都市圏に立地し，地方都市の駅前やリゾート地にも散見される。

　超高層住宅は大きくは旧来からある都市地域に立地するものと，都市近傍の新たな大規模敷地にあるものに二分される。前者には既存の低密度利用の建物が置き換わったものや，複数の敷地が等価交換の形で再開発されたものがあり，共に低層階に商業施設や飲食店などの非住宅用途がある場合が多い。後者には新規の埋立地や工場等の跡地に建設されたものが多く，広大なオープンスペースを敷地内に有するものが多く見られる。

(2)　住宅事情と計画特性

a.　量の時代と公的住宅

　日本の住宅事情にかかわる時代区分は，戦後復興期から1973年の第一次オイルショックまでの「量の時代」，それ以降1980年頃までの「質の時代」，そして1980年頃以降の「多様性の時代」である。1973年とは住宅ストック戸数が世帯数を越えた年であるとともに，公害問題などの高度成長期の歪が顕在化し，経済不況の中で世の中の価値基準が大きく変わった年でもあった。

　住宅供給面では，量の時代は，戦後の住宅不足を背景に住宅の大量供給が行われた時期である。この時期，超高層住宅は一度に大量の住宅を供給できる大規模性，および大量供給を可能とする生産効率の高さが価値を持ち住宅供給の手法として評価された。住宅供給の担い手は自治体・住宅供給公社・住宅公団（現UR都市再生機構）などの公的主体であり，賃貸住宅が多く建設された。これらの住宅は中低所得者向けであるが，良好な住環境づくり，次代に向けた住宅モデルや技術開発などの先導的役割も担っていた。また，この時期の共用空間は空間の段階構成論に沿って，居住者の生活に求められる基本機能としての子どもの遊び場や集会施設などが計画されていた。

　芦屋浜シーサイドタウン（**写真-1.2.1**）は，量

の時代の末期に国と自治体が企画した提案競技による官民共同の事業であり，当時の時代の技術的課題であった建設の効率性と品質の向上を目的とした工業化工法が追及された。また，階層混合（異なった供給主体・所有形式による住棟の混合配置），中間階の空中公園，広大な広場空間などが提案・実現された。

b.　質の時代

　質の時代になると，それまで評価された大規模性や，生産効率重視によりもたらされた建築設計の画一性への反省もあり，郊外立地の低層集合住宅であるタウンハウスが脚光を浴びた。この時期の集合住宅は，ヒューマンスケール，地域性，接地性などが設計のテーマとされ丁寧な設計が行われた。この状況の中で，超高層住宅は一時期住宅供給の第一線から退く形となった。

c.　多様性の時代と民間住宅

　質の時代の住宅は，多くの新たな設計手法が考え出されたが，低層集合住宅が成立可能な立地は限られていた。1980年代頃になると経済は持ち直し，住宅立地も都心から郊外・リゾート地まで拡大・多様化した。その結果，高層性による眺望の良さや高密性による立地の良さが着目され，超高層住宅は多様な住宅形式の一つとして再評価さ

れた。また，高強度コンクリート等の技術の普及や民間デベロッパーの成長に伴い分譲住宅としての建設が主流となった。

　民間デベロッパーによる住宅は，敷地の持つ事業的可能性と需要者ニーズへの対応を基準に計画が行われる。超高層住宅はその両者でデベロッパーにとってメリットのある住宅形式であり堅調に建設された。また共用空間は，量の時代とは異なり個別の集合住宅の魅力づけの要素として積極的に計画されるようになってきた。

　1998年竣工のエルザタワー55（**写真-1.2.2**）はその先導的事例であり，共用空間は高層居住の課題を克服する手段として発想されたが，民間事業としての事業性のハードルを超えるため，高層性や大規模性などの特性を活かした最上階のスカイラウンジや中間階の来客宿泊の部屋などの計画要素も盛り込まれた。

　1990年ごろのバブル経済崩壊やグローバル経済の進行を背景に日本の産業構造の変化が起き，工場・倉庫の多くが海外に移転し，都市近傍に工場跡地が多く生まれた。また2000年代以降は，地価の下落と土地の高度利用を促す規制緩和などを背景に，超高層住宅は高密性による地価負担力の大きさから建設は急速に加速され，超高層住宅が

写真-1.2.1　芦屋浜シーサイドタウン（1979竣工）

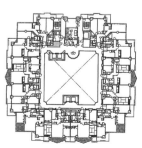

写真-1.2.2　エルザタワー55（1998竣工）

写真-1.2.3　首都圏の都市景観

林立する景観が大都市に出現した（**写真 -1.2.3**）。

2.2　首都圏の超高層住宅の状況

(1)　近年の建設動向と立地

首都圏では，2000 年代に入り超高層住宅が急速に増加した。1 都 3 県では賃貸と分譲を合わせ，822 棟，24 万 7 000 戸[1]（2000～2021 年）が竣工し，このうち分譲住宅が 86 ％を占めた。この中で 2005 年からの 5 年間はとくに多く，毎年 1 万 5 000 戸から 2 万戸の住戸が供給された[1]。

これを建築着工統計でみると，1 都 3 県の分譲住宅は 2000～2021 年で合計 176 万 9 000 戸であり，竣工と着工の時期の違いがあるものの，分譲住宅全体のおおむね 1 割強を超高層住宅が占めていることになる。また，2012～2021 年の近年 10 年間を見てもおおむね 1 割強となっており，首都圏では 2000 年代以降，超高層住宅が一定の割合で供給し続けられている。超高層住宅は都市部の住宅形態の一つとして定着化しつつあるといえる。

(2)　超高層住宅のタイプ

首都圏の超高層住宅は，立地場所によって，①都心エリア（六本木，赤坂，目黒，渋谷，虎ノ門，上大崎など），②東京湾岸エリア（有明，豊洲，東雲，幕張，みなとみらいなど），③郊外エリア（武蔵小杉，川口，大宮，新川崎，海老名，上大岡など）に区分でき，それぞれ特徴が異なっている。

都心エリアは超高額の住宅が多く，国内外の投資用，相続・節税対策など自身の居住以外の多様な目的がある。一方で，郊外エリアは，駅周辺の市街地再開発事業などによって建設された集合住宅が多く，利便性の良さなどから人気がある。都心エリアと比べて比較的入手しやすい価格帯となっており，自身の居住を主目的としたものが多い。管理組合も居住者によるしっかりとした活動を行っているものも少なくない。また，湾岸エリアは，都心と郊外の中間的な位置づけといえるが，場所によって都心タイプに近いものから郊外タイプに近いものまでの幅がある。

今後はさらに，都心タイプと郊外駅前タイプを埋めるような形で都市部各地で計画がされており，これらも場所によって，都心タイプに近いものから郊外タイプに近いものまでの幅があると考えられる。このように一口に超高層住宅といっても，都心エリアに多い多目的型から，郊外エリアに多い自己居住型までの幅があるといえる。

(3)　超高層住宅の増加背景と諸課題
a.　住宅購入者

超高層住宅が増加する背景は，まずは購入者が多く存在することである。先述の通り近年の超高層住宅の多くは分譲用であり，賃貸住宅の割合は，2000 年代前半は 24 ％，2000 年代後半は 15 ％であるが，2012 年以降の 10 年間では 5 ％に過ぎず[1]，近年はさらに分譲中心に移行している。少なくともこれまでは，分譲用の購入者が安定的に多く存在したといえる。

購入者が多いのはさまざまな理由があるが，その一つに，不動産価値が下落しにくいと考えられていることが指摘できる。これは，4 章でアンケート調査に基づき後述するが，投資用はもちろ

都心エリア

東京湾岸エリア

郊外エリア

写真 -1.2.4　立地ごとで異なる首都圏の超高層住宅のタイプ

んのこと，自己居住用としても資産価値としての保有が重視されている。また居住者にとっては，生活していくうえで通勤利便性や生活利便性が高いこと，セキュリティの高さや共用施設の充実などによる高級感やステータスがあることなども購入理由として重視されている。これらの居住者の選択理由についても，4章で述べる。

b. 行政の取り組み

政策的な観点も重要であり，国や自治体の政策として，コンパクトシティを推進している。駅前地域や都市の拠点・中心部などの特定エリアで機能の集約化を進めており，商業や福祉・医療施設などを誘導している。都市再生特別措置法（2002年制定）は，都市の国際競争力の向上や防災機能の強化，居住環境の向上などをめざして，都市機能の高度化を推進している。都市再生緊急整備地域に指定されると，特例措置として既存の用途地域制度等にとらわれず，建物の高さや容積率などが緩和される。したがって，これまでの規制を超えて高さのある建物が建設でき，超高層化を進めることが可能となる。また，財政支援や金融支援，税制上の優遇措置などもあり，事業者にとってもメリットが大きい。首都圏でも東京都心エリアを中心に，湾岸エリアや，政令指定都市の中心部や拠点駅周辺などで指定を受けており，1都3県を合計すると4 437 ha（2022年4月現在）に達している。

c. 危惧される諸問題

超高層住宅はさまざまなリスクも指摘されている。まず，資産価値の高さについては異論を唱える指摘も多く，急増する超高層住宅に対して，今後とも高い資産価値を維持し続けるかどうかに対する疑問が示されている。維持管理については，例えば，管理費の高さ，大規模修繕時における費用の大きさ，戸数の多さなどからくる管理組合での合意形成の難しさなどが指摘できる。管理組合が十分に機能していない場合は，将来的に維持管理面で問題が生じることが予想され，この問題は集合住宅共通の問題ではあるものの，規模の大きい分，対応の難しさや周辺地域への影響の大きさが懸念される。

また，居住用としても，災害時においては，停電時の移動や外出の難しさ，地震時の超高層階での揺れの大きさなどが指摘される。

さらに，自主防災組織が設置されていない場合は，自治体や地元団体と連携がうまく形成されていない場合が多い。各自治体や地域の特性によっても異なるが，地域防災体制に組み込まれるためには，自治会町内会の中に自主防災組織の設置を求める自治体もあるためである。これは分譲型集合住宅に共通する課題でもあるが，この場合，管理組合とは別に自治会町内会に参加することが必要となる。超高層住宅では規模が大きいために，既存の自治会町内会に超高層住宅の住民が加入することは難しく，したがって，管理組合とは別に超高層住宅で独立した自治会町内会を設置し，そのなかに自主防災組織を設けて住民が参加することが必要となる。二重の組織を設置することのハードルは高く，また，住民からの認識も薄いため，防災面での地域との連携がとりにくいという状況にある。

一方，居住環境としては，通勤時の混雑などにより通勤利便性が期待よりも低いという指摘があり，周辺の商業施設やスポーツ施設なども休日は混雑していて利用しにくいといった指摘もある。

この問題は，超高層住宅の住民のみの問題ではなく，周辺地域に住む住民にとっても問題である。超高層住宅ができてさまざまな施設が増えたものの，人口が急増したために道路や周辺施設が混雑し，また小学校なども一気に一時的に生徒数が増えたといった問題も発生している。

以上のように，政策的にも支援され推進されている超高層住宅ではあるが，さまざまな問題を抱えている。一方で，今後とも増加が見込まれ，都市部での住宅・居住形態として定着化しつつある現在，積極的にこれらの問題解決を進めていく必要がある。

補注

[1]　不動産経済研究所による各種調査に基づく。

3 日本の超高層住宅の計画特性

固有の特徴を持ちがなら進化を遂げる

　1990年初頭のバブル経済崩壊による地価下落と2000年以降の都心地域の法的規制緩和により，日本の超高層住宅は「一般人にも手が届く価格の都心立地の住宅」となった。この時期に着目し，1990～2014年刊行の近代建築と新建築に掲載された事例151事例，170棟から，日本の超高層住宅の計画面の特徴をとらえた。

　全体計画では，単棟型の大規模かつより高層の事例が増えた。基準階平面のタイプでは，センターコア型とボイド型が多く，大規模化に併せて徐々にボイド型にシフトしている。共用空間は居住者間のコミュニティ形成に寄与する施設から，個人や仲間との楽しみにかかわる施設への移行が進んできた。駐車場計画と構造形式は技術の進化の中で大きく変化を遂げた。

　これらの中で日本固有の特徴として見られるものは，設計面では基準階平面のボイド型の存在，共用空間にゲストルームが多く，逆に中間階公園が少ないこと。技術面ではボイド内タワーパーキングと免震・耐震構造の普及である。それらの要因には，日本の気候と地震が多いこと，技術の進歩とその適用を可とした法制度の違いがある。

　個人的な話であるが，1990年代半ばにある超高層住宅の計画にかかわった[1]。当時は共用空間がその実現コストに見合う販売促進上の効果があるかが不透明な状況であり，実現自体に高いハードルがあった。その後共用空間の価値が需要者に評価され，今日多くの事例で普通に計画されるようになった。しかし，販売促進上の効果以前に，真に居住者にとっての生活価値の向上につながっているかはいまだ手探りの部分がある。一方，後述するアジア4都市の超高層住宅の事例には，日本ではあまり見ない計画例も少なくない。各都市のライフスタイルも含めた状況の違いとの関係を読み解きながら，日本のこれからの超高層住宅のあり方を考える上での重要なヒントを発見できることを期待したい。

3.1　建築特性

(1)　基本特性

　所在地（**図-1.3.1**）では東京都，竣工年（**図-1.**

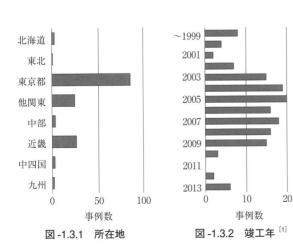

図-1.3.1　所在地　　　　図-1.3.2　竣工年 [1]

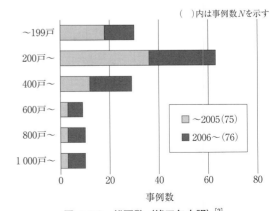

（　）内は事例数Nを示す

図-1.3.3　総戸数（竣工年内訳）[2]

3.2) では2003〜2009年が多い。なお本章で扱う事例は，実際に供給された事例数に比べ，やや上記の時期に集中しているきらいはあるが，大きな差はない。以下，竣工年を「〜2005」と「2006〜」に分け，これを竣工時期の差を見る時の指標とする。

(2) 建築形態

　総戸数（図-1.3.3）では「200戸〜」が最も多いが，近年大規模化の傾向が見られる。以下，戸

数を「〜399戸」と「400戸〜」に分け，これも各事例の規模の違いを見る時の指標とする。

　住棟形態のタイプ（図-1.3.4）では単棟型のA1とB1が多いが，近年これらはやや増加の傾向にある。また，これを総戸数との関係（図-1.3.5）で見ると，大規模な事例になるとA3，B3やB4などの複数棟の形態をとる事例が多くなる。なお，A2とB3は再開発事業で従前地権者用の住宅を超高層棟と別に計画する場合にしばしば見られる形態であるが，事例数は多くはない。また，B5は住宅付帯施設や店舗を別棟にする場合，B6は都心のオフィスビル事業等の住宅付置義務の場合に見られるが，後者は小規模敷地の場合はB2，大規模敷地の場合は複数の敷地に分割する傾向がある。

　一方，住棟の階数（図-1.3.6）では，環境アセスメントの対象外である100m以下となる30階前後が比較的多いが，全体的に近年では高層化の傾向が見られる。また当然ではあるが，高層の住棟ほど戸数が増加することが確認できた（図-1.3.7）。

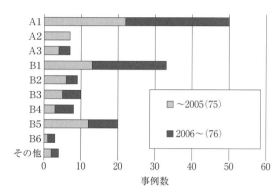

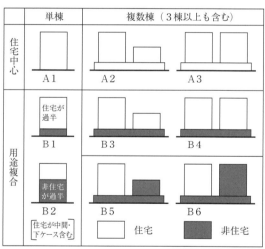

図-1.3.4　住棟形態のタイプ（竣工年内訳）[3]

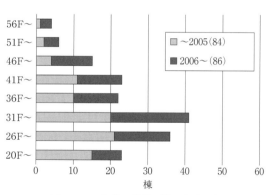

図-1.3.6　住棟の階数（竣工年内訳）

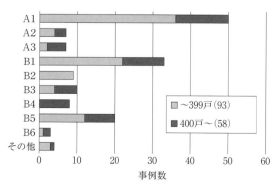

図-1.3.5　住棟形態のタイプ（総戸数内訳）

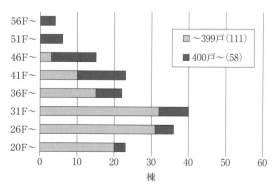

図-1.3.7　住棟の階数（住棟戸数内訳）

　以上のように，近年は単棟型の大規模かつより高層の事例が増える傾向が見られた。これら3指標は，敷地の面積・容積率・需要の大きさと複雑に絡むが，2002年の建築基準法改正において斜線制限等の緩和条件として天空率（単棟型の高層化が有利）が盛り込まれたことや，より高層化を促す免震構造・制震構造などの技術の開発が進んだ（後述）ことも大きく影響していると考えられる。

(3) 空間形態（第1部表-1.1.2参照）

　基準階平面のタイプ（**図-1.3.8**）としては，以前から日本の超高層住宅ではセンターコア型とボイド型が多く見られるが，近年ボイド型が増加傾向にある。ちなみに，ボイド型は海外で見られるのはごくわずかであり日本固有の特徴の一つである。

　この基準階平面のタイプを住棟の戸数との関係（**図-1.3.9**）で見ると，ボイド型には戸数の多い事例が多い。つまり，近年の大規模化に対応する

手段として多くの住戸数を実現し，かつ高層化に対応する手段として（外周長の大きく）耐震性に有利なボイド型がより選択される傾向があると考えられる。

3.2　共用施設・設備の特性

(1) 共用施設

　共用施設の保有率（**図-1.3.10**）については，多様な共用施設を有する事例が多く見られた。ただし，今回事例を抽出したのが計画・意匠系の月刊誌であり，外部に推奨したい意欲作が多く掲載されていると考えられ，超高層住宅全体の平均値はこれを少し割り引いて考える必要はあろう。

　保有率の高い共用施設としては，超高層の高層性を活かした「展望ラウンジ」「ゲストルーム（来客も眺望を楽しむことができる）」が多い。また，共用施設の基本である「集会室・多目的室」があまり多くないが，これは他用途と兼用しているケースがあるためと考えられる。

　これら施設を，経年変化の視点（**図-1.3.11**）から着目すると，「集会室・多目的室」が減少し，「キッズルーム」「ライブラリー＋スタディルーム」「シアタールーム・防音室等」「パーティールーム」などの，個人や特定の親しい仲間と時間をすごす施設が増加している。いい換えると，居住者間の

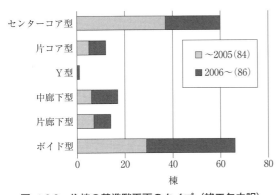

図-1.3.8　住棟の基準階平面のタイプ（竣工年内訳）

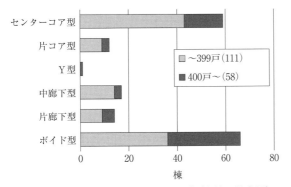

図-1.3.9　住棟の基準階平面のタイプ（住棟戸数内訳）

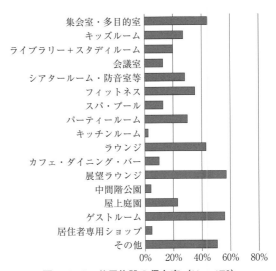

図-1.3.10　共用施設の保有率（N = 170）

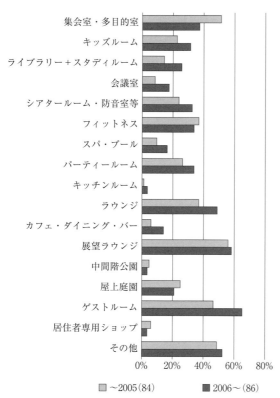

図 -1.3.11　共用施設の保有率の経年変化（竣工年内訳）

凡例: ■ ～2005（84）　■ 2006～（86）

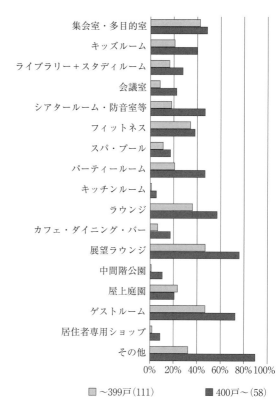

図 -1.3.12　共用施設の保有率の経年変化（住棟戸数内訳）

凡例: ■ ～399戸（111）　■ 400戸～（58）

コミュニティ形成に寄与する施設から，個人や仲間との楽しみにかかわる施設への移行が進んできたと見ることができる。

　なお，「大地の代替手段」として昔からしばしば計画されてきた「中間階公園」はあまり積極的に計画されておらず，これよりも「屋上庭園」が多く見られる。屋上庭園は空間的な死角となり防犯面で不具合との指摘が以前からあるが，防犯カメラや入退出管理が可能なカードキーのなどの普及によりこの問題は大きな障害ではなくなった。

　共用施設の保有率を住棟の総戸数との関係（図-1.3.12）で見ると，総戸数に関係なく設置されるものに「集会室・多目的室」「フィットネス」がある。また総戸数の増加に応じ設置されるものに「キッズルーム」「シアタールーム・防音室等」「パーティールーム」「ラウンジ」「展望ラウンジ」「ゲストルーム」があり，これらはいわば大規模性を生かした選択的な魅力施設ということができる。なお，来客宿泊用のゲストルームは日本固有に見られるものであり，逆に中間階公園は海外に

多く見られる。

a. 駐車場

　高層高密な計画が求められる超高層住宅において，大きなボリュームを必要とする駐車場の計画は容易ではない。「1. 別棟」[4]と「2. 地下階」は，敷地に余裕がある場合は可能であるが，これが難しい場合には「4. ボイド内タワーパーキング（以下TPと略す）」と「5. 住棟外周TP」が使われる。ちなみに，図 -1.3.15 は「4. ボイド内TP」の，図 -1.3.16 は「5. 住棟外周TP」の事例であり，図 -1.3.13 からこれらが近年よく使われるようになった設計手法であることがわかる。なお，TPを用いた2の形態は海外では見られないが，この理由としては各都市での駐車場メーカーの製造・メンテナンス体制，および自走式駐車場の方が土地代も勘案した場合に経済性に優れるなどが推測される。

　一方，この2つのタイプについては，住棟戸数（図 -1.3.12）との関係から次のことがわかる。先述の通り，住棟戸数が多い事例ではボイド型が多

くなるが，とくに支障がない場合，駐車場はこの中にTPを挿入する形で設置される。一方，住棟戸数が比較的少ない事例は，センターコア型・中廊下型・片廊下型となる。この場合で敷地の余裕がなく「1. 別棟」「2. 地下階」を実現できない場合は，住棟外周TPの形態を取らざるを得な

なる。この時のTPの位置は，周辺建物からの視線を遮る位置，住戸に適しない方位（北側），TPの1Fへの自動車のアクセスのしやすさ等の要因で決まると考えられ，図-1.3.16はその具体例[6]である。

なお，最近竣工後20年程度の事例の状況を把

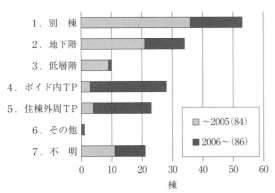

図-1.3.13　駐車場が計画される位置（竣工年内訳）[4]

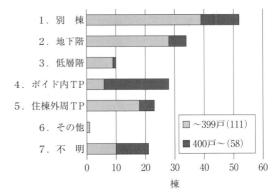

図-1.3.14　駐車場が計画される位置（住棟戸数内訳）[5]

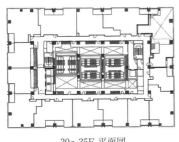

30〜35F 平面図

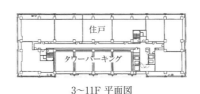

3〜11F 平面図

図-1.3.15　ボイド内にタワーパーキングを設けた事例 2)

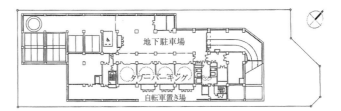

1F 平面図

B1F 平面図

図-1.3.16　住棟外周部にタワーパーキングを設けた事例 3)

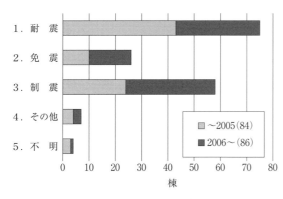

図 -1.3.17 住棟の構造形式 （竣工年内訳）

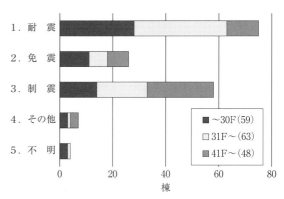

図 -1.3.18 住棟の構造形式 （住棟階数内訳）

握する機会があったが，多くの事例で使用する駐
車場台数の減少が見られた。機械式駐車場はメン
テナンスや更新の費用がかかるため，この増減の
対応策も視野に入れた周到な計画が必要になる。

3.3 住棟の構造形式

　免震構造・制震構造の技術（**図 -1.1.2 参照**）は
昔からあるが，免震構造が超高層建築に適用され
るようになったのは 1990 年代半ばである。さら
に制震構造に低降伏点鋼ダンパーや粘性制震壁な
どのパッシブ型の技術メニューが加わったのは近
年であり，これらが超高層住宅の高層化を加速し
てきた。

　また，近年では上記の TP と住棟の間にオイル
ダンパーを挿入するアイデアも生まれ，より技術
も高度化してきた。**図 -1.3.15** はその具体例でも
ある。

補注
[1] 複数棟から構成される場合，最も早く竣工した住棟の
竣工年とした。
[2] 規模は本来延床面積を指標とするのが適切であろうが，
低層階に住宅以外の用途がある場合は住宅の規模を測
る指標とならず，また住宅部分のみの延床面積が示さ
れている事例が少ないため，ここでは戸数を規模の尺
度とした。
[3] 一体的に計画された場合も，建物間に公道があれば別
事例とした。
[4] 「1. 別棟」に，低層の駐車場棟を設ける形態と，地面
に線を引いて駐車場とする形態の二つを含めた。
[5] 複数の「位置・形態」を用いた事例は，台数の多い方
とした。
[6] タワーパーキングの対面に事務所ビルがある。

参考文献
1) 高井宏之，竹馬泰一：超高層集合住宅 − 都市を支える立
体コミュニティ，事例で読む現代集合住宅のデザイン，
pp.46-47，彰国社，2004
2) シティタワー麻布十番，近代建築，2009年12月号
3) パークタワー品川ベイワード，近代建築，2004年3月号

4 首都圏の超高層住民の居住者・生活特性

アンケート調査からの実態解明

　超高層住宅の居住者像は，マスコミなどにもさまざまに語られているように思うが，実際のところはどのような特性があるのだろうか。ここでは，超高層住宅の居住者アンケート調査の結果を紹介する。首都圏郊外エリアの20階建て以上の超高層住宅で，2017年（調査A：2005〜2015年に建設），2020年（調査B：2016年以降に建設）に実施した調査をもとにしている [1]。

多様な世代と世帯

　居住者属性として，年代は40，50代を中心としつつも多様であり，また，子育て世帯や子育て終了世帯をはじめとした多様な世帯が居住している。調査対象住宅は，一般の都市型集合住宅よりも若干規模が大きいが，各超高層住宅とも住戸の規模や間取りの種類が多く，多様な世帯タイプや住まい方に対応しやすいことが指摘できる。

利便性と資産価値が選択理由

　超高層住宅を選択した理由は，まずは「利便性の良さ」があり，次に「資産価値に対する信頼感」があり，それ以外にもセキュリティや耐震性など構造や設備に対する信頼がある。一方で，乳幼児を含めて子育て世帯が多く居住しているものの，教育環境や公園など必ずしも子育て環境が重視されて選択されたわけではなく，子供の成育環境としての適切性は検証が必要である。

高い住宅満足度・生活満足度

　超高層住宅の住宅満足度は大変高く，併せて生活満足度も高い。以前の生活と比べて，利便性が向上し，外出の増加や行動範囲の拡大がみられ，趣味活動が増加する居住者も多く生活を楽しむ様子が伺える。

世帯構成で差のある近所づきあい

　近所づきあいは，幼稚園から小学校の子供のいる家庭では，家族ぐるみの付き合いも含めて活発である。一方，50代以上の世帯や単身世帯，夫婦のみの世帯は，近所づきあいが少ない。高齢単独世帯の一部には，外出頻度も雑談時間も少なく，社会から孤立気味の居住者が確認された。

世帯で偏る共用空間の利用

　共用空間について，子育て世帯では比較的利用されているが，50代以上の世帯や単身世帯，夫婦のみの世帯では利用されていない。近隣関係の構築や孤立解消には大いに役立つ施設が設置されているものの，住民同士のサークルづくりや講座の開設など，別の仕掛けがないと活用されるようにはならないだろう。地域活動の参加を望む声もあり，超高層住宅の問題を解決するためにも，折角ある共用空間を活用し，住民同士の多様な関係づくりを進める仕組みを設けることが望ましい。

予想される高齢単独世帯の増加と解決に向けて

　超高層住宅は，今後，年月の経過とともに高齢者，とくに高齢単独世帯が増えることが予想され，社会的な孤立状態にある高齢者を増やさないことが重要である。超高層住宅が内包する問題，例えば，適切な管理や大規模修繕，防災体制，周辺地域との関係づくりや良好な環境形成など，居住者自らが解決できる社会関係を構築する必要がある。近隣関係を築くきっかけがないままの居住者もい

ることから，居住者同士，さらには周辺地域住民も含めた社会関係を構築するためのきっかけづくりや仕組みをつくることが，多様な問題を解決するうえで重要である。

4.1　居住者と住宅の特性

(1)　回答者の特性

アンケート調査は，管理組合を通じて配布回収したものであり，管理組合活動に熱心な居住者の回答割合が高いことが想定されたが，回収率が4分の1程度確保できており，居住階や面積構成などから極端な偏りは確認されない。

回答者の年代については（**図 -1.4.1**），40代，50代がやや多いものの，20代，30代や60代，70代も居り，特定の年代への偏りが少ない。国勢調査（2020年，1都3県平均，以下同じ）と比べると70代以上と20代，30代が少なく40〜60代が多い。対象住宅は，竣工後2〜12年程度経過しており，したがって30〜60代までの入居者が最大12年経過したという状況であり，今のところ高齢者は少ない。

世帯構成は（**図 -1.4.2**），親子世帯が約半分，夫婦のみ世帯が4割近く，単独世帯が1割程度であり，2世帯同居はほぼない。国勢調査と比較すると単独世帯が4分の1と少なく，夫婦のみの世帯が2倍強と多い。世帯タイプ別の年代構成は（**図 -1.4.3**），単独世帯も夫婦のみの世帯も，各年代の居住者が確認される。国勢調査と比較すると，40，50代の単独世帯と夫婦のみ世帯がそれぞれ2倍程度多く，中間年代層で多様なタイプの世帯が居住している。

中学生以下の子供のいる世帯の割合は全体の32％であり，国勢調査の15歳未満世帯数16％の約2倍となっている。また，それらの世帯のうち，乳幼児のいる世帯の割合は約6割を占めており，幼い子供の成育環境としても選択されているといえる。

居住年数別にみると（**図 -1.4.4**），8年以上が4割であるが，竣工時の入居者がそのまま継続して住んでいれば，居住者全体の7割を占めることになる。居住年数が8年以上の居住者は4割程度は既に住みかえているのである。

以上のように，超高層住宅は，40，50代を中心としつつも多様な年代，多様なタイプの世帯が居住しており，乳幼児を含めた子育て世帯，子育て終了世帯，さらに多様な年代の夫婦のみの世帯の住宅として選択されている。また，住み替えは比較的活発といえる。

(2)　住宅の特性

住宅の特性として，所有状況，面積，自宅の選

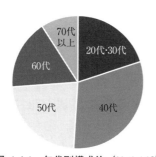

図-1.4.1　年代別構成比（*N*=1 140）

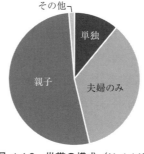

図 -1.4.2　世帯の構成（*N*=1 140）

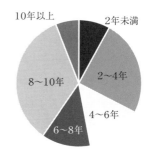

図 -1.4.4　居住年数別構成比（*N*=1 140）

（　）内は事例数 *N* を示す

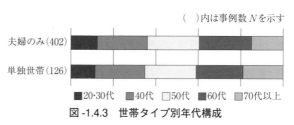

図 -1.4.3　世帯タイプ別年代構成

択理由を把握した。所有の有無をみると回答者の94％が住宅を所有しており，すなわち自己居住用が大半である。各管理組合へのインタビュー調査でも，投資や他人への賃貸目的の購入が少ないとのことで，郊外型超高層住宅は，住まい方の一つの選択肢になりつつある。

住宅面積は（**図 -1.4.5**），全体で 70〜80 m² が37％と最も多く，次いで 80〜90 m² であり，一般の都市部の集合住宅よりも若干広い程度であり，郊外地域の超高層が一般的な住まいとして選択されつつあることを反映している。居住階別の住宅面積の違いをみると，41 階以上の超高層階では，90 m² 以上の住戸がやや多く面積が広い住宅が多い傾向にある。

以前住んでいた住宅の広さと比較すると（**図 -1.4.6**），現在の住宅の方が増えたとする居住者が55％であるが，減った方も43％おり，必ずしもより広い住宅を求めて住み替えを選択したわけではない。

現在住んでいる超高層住宅を選択した理由について（**図 -1.4.7**），大半の居住者が選択したのは「交通利便性の良さ」であり，次に過半数が

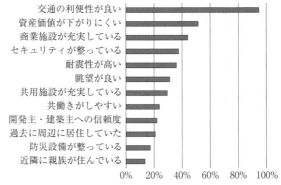

調査 B

図 -1.4.7　マンションを選択した理由（*N*=231：MA）

「資産価値の下がりにくさ」をあげており，さらに「商業施設への利便性」，「セキュリティの良さ」，「耐震性の高さ」，「眺望の良さ」，「共有施設の充実」である。すなわち，利便性の高さと，住宅の資産価値，セキュリティや共有施設などの設備，耐震性への信頼が選択理由としてあげられる。

一方で，上位に上がらなかった項目として，「教育施設の充実（4.8％）」，「公園・広場の充実（4.8％）」などがあり，子供の成育環境が良いと考えて選択されたわけではないといえる。

4.2　居住者の生活特性

(1)　住宅や生活に対する満足度

居住者にとって超高層住宅の満足度や生活満足度は，総じてどのようなものかを把握する（**図 -1.4.8，1.4.9**）。住宅に対する満足度は大変高く，「とても満足」が53％，「まあまあ満足」と合算すると96％に達している。また生活満足度も高く，「とても満足」は27％ではあるものの，「まあ

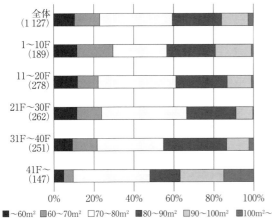

図 -1.4.5　居住階別住宅面積の割合

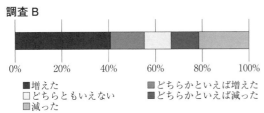

図 -1.4.6　以前の住宅と比べた住宅面積の変化（*N*=231）

図 -1.4.8　総合的な住宅満足度（*N*=1 114）

図 -1.4.9　今の生活への満足度（*N*=1 120）

まあ満足」と合算すると96％になっており，生活も満足している人が多いといえる。

(2) 居住者の生活変化

超高層住宅への住み替え以前の居住地での生活と比較した変化について，5段階評価で把握した。

生活利便性については（図-1.4.10），「上がった」と「どちらかといえば上がった」を合計すると，87％の居住者が向上したと評価している。また，生活行動範囲の変化は（図-1.4.11），「広がった」「どちらかといえば広がった」が55％であり，生活行動範囲が狭まった人は11％に過ぎない。さらに，趣味の活動時間についてみると（図-1.4.12），増えた傾向にある人は35％，一方で減った傾向は12%である。

すなわち住み替えにより，多くの居住者は生活利便性が向上したと評価している。外出頻度や行動範囲，趣味などの活動は，増えることや拡大することはあっても減る人はきわめて少ない。利便性が向上して活動的な生活を楽しむ様子が伺える。

近所づきあいについては（図-1.4.13），増えた傾向にあるのは28％，「あまり変化がない」が38％，減った傾向にあるのは35％であり，増えた人も減った人も変わらない人もそれぞれ存在する。交流の場や機会については，増えた傾向にある人は33％，「あまり変化がない」が48％，減った傾向にある人は19％であり，減った人はやや少ない。

超高層住宅では，近所づきあいが希薄なイメージがあるかもしれないが，以前よりも活発化した人が3割程度，また，交流の機会や場が増えた人も3分の1程度確認される。近所づきあいや交流は人による多様性があり，超高層住宅に住み替えて活発化した人も希薄化した人もおり，一概にはいえない。

4.3　居住者の近隣関係・社会関係

(1) 居住者の近所づきあい

近所づきあいについて，さらに年代別，世帯タイプ別，子供の年代別に特徴をみる。近所づきあいとして，「よく会話をする近所の人」「近所での家族ぐるみの付き合い」のだいたいの人数と，地域活動への参加の実態や意向を把握した。

まず「よく会話をする近所の人」がいる居住者が（図-1.4.14）全体の約7割を占めている。子供のいる家庭ではとくに付き合いが活発で，幼稚園や小学校の子供を通じた親同士のつきあいがある。10人以上いるという居住者は，未就学児のいる家庭で約2割，さらに小学校低学年の子供のいる家庭では3割も該当しており，「まったくいない」が4％と少ない。一方で，50代，単独世帯，夫婦のみ世帯で，まったくいないという居住者は多い傾向がある。

近所での家族ぐるみの付き合いは（図-1.4.15），1〜3家族程度いる居住者が全体の3割であり，まったくいない居住者が全体の6割である。まっ

調査B

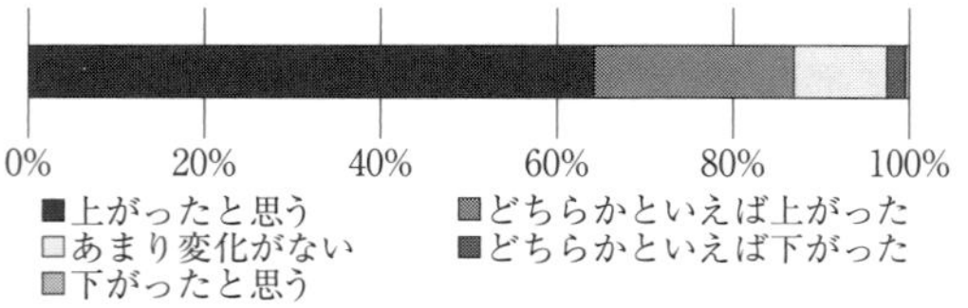

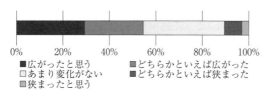
図-1.4.10　生活利便性の変化（N=229）

図-1.4.11　生活行動範囲の変化（N=229）

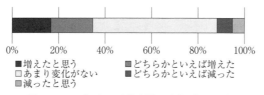
図-1.4.12　趣味の活動時間の変化（N=226）

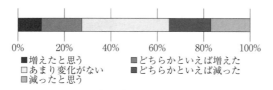
図-1.4.13　近所づきあいの変化（N=226）

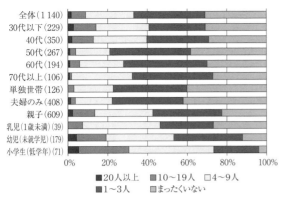

図 -1.4.14　近所で良く会話する人の数

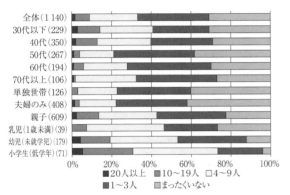

図 -1.4.15　近所の家族ぐるみでの付き合い数

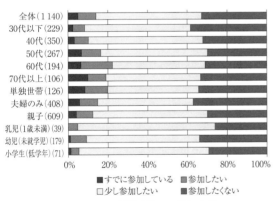

図 -1.4.16　地域活動への参加意欲

たくいない居住者は，50代以上，単独世帯，夫婦のみ世帯がいずれも7割を超えている。乳幼児や小学校低学年の親は，4家族以上が3割前後であり，年齢の低い子供を介した家族同士のつきあいが形成されている。

地域活動にすでに参加しているのは（図 -1.4.16）全体で5％と少なく，参加したいという意向も1割程度と少ないが，「少し参加」という多少なりとも意向のある居住者を加えると約3分の2

の居住者に何らかの参加意向がある。50〜70代や単独世帯では，すでに参加しているか，参加したいという意向のある居住者が2割前後であり，地域活動への積極志向が若干高い。子育てが終了し，もしくは定年退職をして時間的なゆとりが生じた世代で，新しく住み替えた地域で地元の活動に参加することに積極的な志向がみられる。

以上のように，自己居住型の超高層住宅では，年齢の低い子供のいる世帯を中心とした近隣関係がみられる。竣工後に一斉に多くの世帯数が入居するため，同年代の子供が多く居住しており，近隣の同じ幼稚園や小学校に通っている子供が多いことからつながりが作りやすいといえる。一方で，そのような子供のいない世帯として，50代以上の世帯や単独世帯，夫婦のみの世帯は近所づきあいが希薄である。地域活動などへの参加意欲が見られ，近隣関係への参加志向があるにもかかわらず近隣関係が形成できていない居住者も存在する。

(2)　高齢者の社会関係

前項で子供のいない世帯では，近隣関係が築きにくいという点を指摘したが，さらに高齢者の引きこもり等の有無を確認した。ここでは，外出頻度と雑談時間について，高齢者と高齢単独世帯の状況を見る。

外出頻度では（図 -1.4.17），75歳以上の1割程度が週1回以下となり，70代以上の単独世帯では，その18％が週1回以下しか外出をしていない。

雑談時間は（図 -1.4.18），単独世帯の時間の短さが顕著であり，「ほとんどない」が60代単独世帯では28％，70代単独世帯では22％該当し，

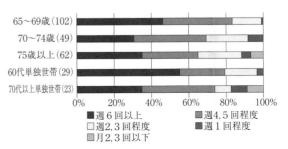

図 -1.4.17　高齢者の外出頻度

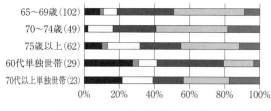

65〜69歳(102)
70〜74歳(49)
75歳以上(62)
60代単独世帯(29)
70代以上単独世帯(23)

0%　20%　40%　60%　80%　100%

■ほとんどない　■15分未満　□15〜30分
■30分〜1時間　■1〜3時間　■3時間以上

図 -1.4.18　高齢者の雑談時間

また，それぞれ4割が1日30分未満である。高齢単独世帯は，社会から孤立気味の状態にある居住者が少なくない。

4.4　共用空間の利用と近隣関係の構築

　超高層住宅は，一般の集合住宅と異なり多様な共用空間があり，すでにみたように共用空間が充実しているという理由で住宅を選択した居住者が3割も存在する。このような共用空間は，近隣関係の構築や孤立の解消，生活の豊かさを促進させる機能があると思われるが，実際，どの程度利用されているのだろうか。

　共用空間の種類は，各超高層住宅による差異が大きく，まずは，エントランスホール・ラウンジ，キッズルーム，スポーツ施設などを例示して，全体的な利用状況を把握した（**図 -1.4.19**）。その結果，全体の3分の2が積極的な利用をしておらず，とくに50代，70代や単独世帯の利用が少ない。一方で，30代以下や乳幼児のいる家庭では半数

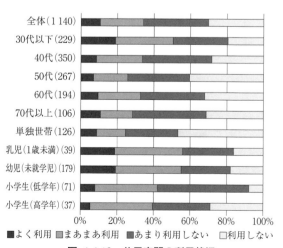

図 -1.4.19　共用空間の利用状況

以上が利用している。

　次に，超高層住宅1棟で各共用空間別に利用状況を把握した（**図 -1.4.20**）。共用空間は，無料で予約のいらないフリースペースタイプと，有料で予約の必要なタイプの2タイプに区分できる。

　フリースペースタイプでは，エントランスホールのソファや屋上テラスは9割以上の居住者に幅広く利用されている。一方で，学習室やフィットネスルームは，3割程度は利用したことがないものの利用頻度の高い固定利用者が1割程度確認される。キッズルームは小学生以下の子供が対象であり6割の居住者が一度も利用したことがない。

　有料で予約の必要な施設として，会議室，宿泊施設，共同入浴施設は，いずれも一度も利用したことがない居住者が際立って多い。キッチン付きパーティルームは年数回以下の利用が3分の2であり，それなりに利用されている。

　近隣関係の構築に役立つ施設として，居住者同士が気軽なコミュニケーションを図りやすい施設には，エントランスホールのソファ，展望ラウンジ，屋上テラス，キッズルームがあり，さらに付

調査 B

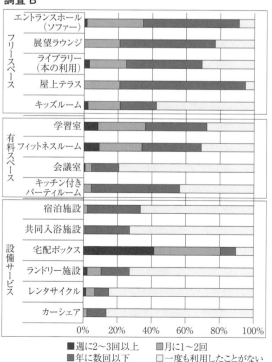

図 -1.4.20　各共用空間別の利用状況（N=236）

き合いを深めることができる施設として，会議室やキッチン付きパーティルームがある。

　管理組合へのインタビュー調査によれば，展望ラウンジや屋上テラスなどのフリースペースで，知らない居住者とコミュニケーションをとることはきわめて少ない。会議室は，管理組合関係の会議利用が中心であり，キッチン付きパーティルームは，子供のいる世帯での誕生日会やクリスマスなどの季節イベント，管理組合での親睦などの利用が多い。これらは，管理組合や幼稚園・小学校を通じてできたつながりである。

　すなわち，共用空間を活用して孤立解消や近隣関係を構築するためには，単に多様な交流施設を設置するだけでは不十分といえる。子供のいない世帯などを含めて，居住者同士が知り合いになれる多様なきっかけづくりを行い，とくに高齢単独世帯などを念頭に置いた活動の場づくりなどのソフトの仕組みが必要である。

補注

[1]　アンケート調査については，A：2017年10月実施，4 440件配布，回収1 140件，回収率25.7%，B：2020年2,3月実施，970件配布，回収230件，回収率23.7%であり，但し書きのないものはAであり，但し書きのあるものはBをもとにしている。

参考文献

1 ）　徳永椋二，福岡大祐，神保玲香，室田昌子：超高層集合住宅における居住者間の交流活性化に向けた近所付き合いの関連要因に関する研究，日本建築学会計画系論文集，84（765），pp.2335-2343，2019
2 ）　室田昌子：超高層階居住者の生活満足度と住環境関連要因の検証，日本建築学会計画系論文集，87（802），pp.2537-2548，2022

アジア4都市の超高層住宅

アジア4都市の計画特性と生活──第2部の概要

各都市の超高層住宅の着目点

　所変われば品変わる。アジア4都市の超高層住宅は，まさにこのような様相を呈している。異なった自然・経済や土地・住宅にかかわる環境のもとそれぞれ育ち，超高層住宅の持つ意味も異なっている（**表-1**）。

　しかし共通点も多々ある。中華系という文化的背景，住宅設計手法や行政施策の相互の学び，そして何より超高層住宅の根本的な建築や空間の形態が，大きく変わらないことだ。「第1部の概要」で述べた，住戸・住棟と団地・都市のレベルごとの5つの基本特性と主な細項目（**表-1.1.1**）は基本的に共通である。ただ，具体的な設計や利用形態は異なった展開を見せている。

　これらを踏まえて第2部では各都市の超高層住宅の状況について，都市ごと（章）に次の4つを解説する。

　①　都市・住宅について現在までの大きな時代の流れ：これには各都市の土地・住宅の仕組み，行政の目標，およびその背景にある住宅事情との関連も解釈に加える。

　②　計画上の具体的な特徴：現地での事例視察調査を踏まえ，各都市の自然・経済の特性の違いも念頭に置く。

　③　大きな固有の特徴：①，②のもと形成された超高層住宅の大きな特徴である。そうなっている各都市の与条件に着目する。

　④　居住者の特性・意識と共用空間の利用と評価：2016〜2019年に実施した居住者調査と観察調査により実態を紹介する。

　なお，4都市の地理・交通の特性（**図-1**）は北京を除き近い状況にある。ここでは次章に先立ち，都市横断的な形で，①〜④の概要を述べる。

　また，以下図表中の4都市を示す記号として次を用いる。

　SG：シンガポール，HK：香港，BJ：北京，
　TP：台北

各都市の超高層住宅の状況

(1)　現在までの大きな時代の流れ

　おおむね日本と同様に，「量の時代」「質の時代」

表-1　アジア4都市の環境特性

	項目	シンガポール SG	香港 HK	北京 BJ	台北 TP
自然・経済	気候	熱帯	亜熱帯	亜寒帯	亜熱帯
	国/都市の特性	小都市（都市国家）少資源東南アジアの経済中核	小都市，可住地少ない（斜面地の住宅地多い）アジアの交易の要所1997年に中国に返還	広大な国土の中の特別行政区アジアの政治・文化の中核	小都市アジアの技術の中核
土地・住宅	土地所有	国有地 約9割	国有地が基本	国有地が基本	公有地 約1/4
	主な行政の目標	強力な国策推進	高層高密度の都市実現（都市の垂直化）	社会主義市場経済豊かさの実現	自由主義市場経済＋（近年）公共住宅整備
	住宅供給の体制	公共主導（HDB等）	公共（HKHA等）民間半々	公共主導（生産単位）＝＞民間主導＋公共	民間主導＝＞民間主導＋公共
超高層住宅の持つ意味（上位の目的）＊関連事項		オープンスペース創出の手段（マスタープラン推進の手段）	土地の有効活用の手段（土地の高度利用）＊可住地が限られ選択の余地なし	高容積率を実現する手段（民間事業の利益拡大）＊経済を牽引してきたが近年消極的	土地の有効活用の手段（民間事業利益の拡大）（社会住宅・施設の整備）

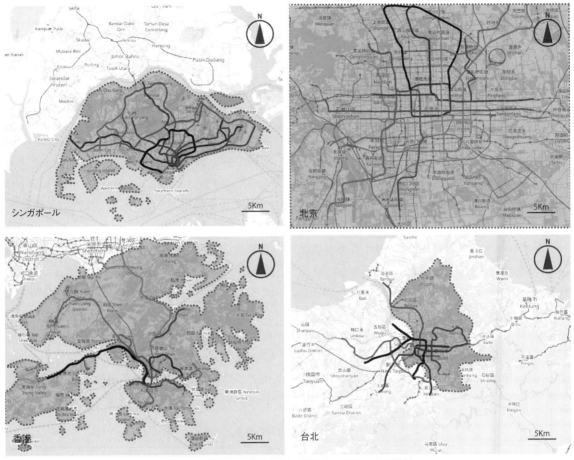

図-1　アジア4都市の地理・交通ネットワークの特性

「多様性の時代」をたどっている。ただ，香港は限られた可住地の中での大量供給ニーズが現在も存在するため，「量の時代」の側面も持っている。

　一方，共に高額所得者向け住宅（投資家が所有し外国人等に向け賃貸化したものも含まれる）と一般居住者向け住宅と2種類がある。この後者に着目すると，台北以外，住宅所有形態は賃貸から分譲（土地は定期借地，建物は区分所有）へ，供給主体は公共主導から民間主導に移行してきている。その中で，シンガポールは国有地の多さと国家の政策目標を背景に，都市施策と住宅施策を結びつけ公共主導の形をとっている。香港は英国統治時代の仕組みが継続されており，公共と民間が半々である。北京は1990年頃までは生産単位を介した住宅供給方式（いわば社宅制度）であったが，1990年ころから民間主導に大きく転換し[1]，近年公共賃貸住宅が試行されている。

　一方，台北は国有地が少なく昔から行政の住宅供給の取り組み弱かったが，近年公共施設整備に合わせ公共主導の住宅供給が活発化している。

(2)　共通して見られる計画上の特徴

　集合住宅全般について，次の特徴が見られる。

・住戸は水回りまで自然換気が求められ，基準階平面は凹凸の多い形態になっている（4都市）

・住戸はスケルトン・インフィル分離型設計になっている（4都市）。

・防犯面からバルコニーは積極的に設計または状況は維持されず，一般居住者向けの古い住宅では住戸玄関や窓にも鉄格子が設置されているケースが多い（4都市）。

・住棟1階や低層階にボイドデッキがあり，心地よい日影や通風しを実現し日常空間として利用されている（シンガポール，香港）。

一方超高層住宅については，次の特徴がある。

・40階程度おきに火災時の避難階（避火層）が設置されている（4都市）。
・民間住宅では，差別化の手段として共用空間・施設が積極的に計画されている（4都市）。
・緑化やエコロジー対応に熱心である（4都市）。

(3)　異なる固有の特徴

各都市には超高層住宅を考える上での重要な与条件があり，それらが固有の特徴になり，現在の「超高層住宅の持つ意味」につながっている。

シンガポールでの最大の与条件は小都市（都市国家），かつ資源に恵まれないことである。初代首相のリークアンユーは，この克服のために中央集権的な政治体制による強力な国策推進を行い，成功を収めた。この成功の方程式は現在も引き継がれ，定期的に更新される都市マスタープランによる開発が強力に進められている。そこでは都市と建築を結びつけた考え方がとられ，超高層住宅は「オープンスペース創出の手段」として位置づけられている。また多民族国家であることも大きな与条件であり，異なったライフスタイルを受容する手段として，スケルトン・インフィル分離型設計と1Fボイドデッキが有効に機能している。

香港での最大の与条件は，小都市かつ土地の起伏が大きく可住地が少ないことである。この中で，高層高密度の都市実現のために都市の垂直化という固有の特徴が生まれ，その結果，超高層住宅は「土地の有効活用の手段」として選択の余地なく，実現されてきた。

北京での最大の与条件は，経済発展により第1次・第2次産業から第3次産業へと急速に移行してきたことだ。その第3次産業の一つが不動産業であり，大規模な都市の工場跡地や地方都市の農地等に，不動産ビジネスの一環として超高層住宅が建設されてきた。この敷地の大規模性，および林立した超高層住棟や中高層住宅との混合配置が北京や中国大都市の固有の特徴であり，ここで

表-2　調査方法の概要

調査A　作品事例収集		
対象	【民間分譲】は次の条件を備えた事例 1）地上20階建て以上をホームページ（HP）で確認できる 2）建物用途が「住宅」または「一部店舗のある住宅」 ※外観写真・HPの掲載情報から空中庭園や上層階共用空間・施設を有すると判断されるもの ※分譲か賃貸かは問わない　※築年は問わない 【公共賃貸】は公共主体からの提供情報	
方法	【民間分譲】は次の方法で抽出 1）第1ステップ：上記条件で不動産情報サイトで抽出 2）第2ステップ：抽出した事例名称をキーワードとし，更に検索エンジンで計画諸元や図面情報を情報収集	
時期	SG：2016，HK：2017，BJ：2018，TP：2019	
調査B-1　事例視察調査		
対象	上記で抽出した事例から，共用空間の計画面で示唆に富むと判断された作品	
時期	SG：2016，HK：2017，BJ：2018，TP：2019，共に春または夏	
調査B-2　住宅関係者への訪問ヒアリング調査		
対象	SG：4主体，HK：6主体，BJ：7主体，TP：4主体（B-1と同時並行で実施）	
調査C-1　居住者調査		
対象	【公共賃貸】【公共分譲】【民間分譲】（都市の事情に応じ）	
方法	1）アンケート調査　2）個別ヒアリング調査	
時期	SG：2016，HK：201年，BJ：2018，TP：2019 共に秋	
調査C-2　共用空間の利用状況の観察調査		
対象	C-1と同じ事例	
方法	利用実態（年齢・性別，行為）を観察し記録する	
時期	日曜日と翌日の月曜日（C-1と同時に実施）	
調査C-3　その他 訪問ヒアリング調査		
対象	アンケート調査対象の住宅管理会社（C-1と同時に実施）	

超高層住宅は「高容積率を実現する手段」として，社会主義市場経済を牽引してきた。

　台北は，シンガポールや香港と近い面積の大都市であるが国有地が少ない。この与条件のため，近年まで住宅供給は民間デベロッパーに委ねられ，この中で超高層住宅は事業性向上のための「土地の有効活用（高容積率化）の手段」であった。一方，近年急速に社会住宅が整備されてきたが，福祉関連施設を併設する固有の特徴を持つようになった。このことで，超高層住宅は社会住宅・施設の整備のための「土地の有効活用（高度利用）の手段」としての意味も持つようになった。

各都市の居住者の特性・意識と共用空間の利用・評価

　4都市で同一の手順・方法（**表-2**）で各種の調査を行った。ただ調査対象事例（**表-3**）は，各都市の住宅の状況により竣工時期や分譲／賃貸が異なっている。また調査方法も，建物所有者の調査協力への意向から北京では特定事例での大量のアンケート調査ができなかった。そのためここでは北京については言及しない。

(1) 居住者の特性・意識
　年齢・家族構成・職業を総合的に見ると，分譲系のシンガポールと北京は経済力のある若年層が多い。公共賃貸の香港は高齢・単身者・無職が多く，同じ公共賃貸でも混住政策（p.84 参照）をとる台北は多様である。各都市の住宅の政策上の位置づけ・取り組みの違いが表れている。

　住宅選択理由では共用空間に着目すると，分譲系ではシンガポールでスカイガーデンが，北京で団地内広場・緑が上位の理由となっている。台北では上位ではないが集会所やスカイガーデンが理由の一つになっている。このように共用空間は住宅選択に対し一定のかかわりが見られる。

(2) 共用空間の利用と評価
　利用頻度はシンガポールと香港で高く，眺望の良い最上階や，外部への主動線と重なる低層階の利用が多い。台北では階で異なる共用空間の内容や広さにより利用頻度の差が見られた。

　利用の曜日・時間帯では，シンガポールでは休日や午後，涼しくすごしやすい夕方の利用が多い。香港でも傾向は類似しているが，高齢の居住者が多いため早朝を含めた午前も多い。台北では曜日に関係なく低層階の利用が多いが，曜日・時間帯の偏りは同じ公共賃貸の香港に近く，利用者は午前は小さなこども連れや高齢者が多い。このように気候や居住者特性との関連が大きい。

表-3　調査対象事例の概要

		シンガポール SG	香港 HK	北京 BJ	台北 TP
名称		①Pinnacle @ Duxton ②SkyVille @ Dawson	①Lam Tin Estate ②Verbena Heights	①SOHO現代城 商住棟 ②同 住宅棟 ③当代MOMA　　　 ④亮馬名居 ⑤元官舎　　　　　 ⑥ほか 6 事例	①興隆D2公宅 ②健康公宅
建築特性	住宅供給主体	① ② Housing & Dev. Board（HDB）	①HK Housing Authority ②HK Housing Society	①②③④民間デベロッパー ⑤北京市　⑥民間デベロッパー	① ②台北市
	所有形態	① ②分譲（定期借地）	①賃貸（公共） ②分譲（定期借地）＋賃貸（公共）	①②③④⑤⑥分譲（定期借地）	① ②賃貸（公共）
	竣工年	①2009 ②2015	①2009 ②1996/97	①②2001 ③2008 ④2002 ⑤1996 ⑥2003〜14	①2018 ②2017
	総戸数	①1848 ②960	①3,036 ②1,894（分）＋971（賃）	①517 ②1385 ③530 ④410 ⑤3725 ⑥585〜5891	①510 ②507
	階数	①50 ②47	①40 ②33〜48	①22〜40 ②32 ③21 ④25 ⑤18 ⑥11〜33	①22 ②14〜16
共用空間	所在階	①50F、26F、3F ②47F、36F、25F、14F、3F	①1F、2F	略	①RF、12F、3F ②RF、5F

1 シンガポールの超高層住宅：国家主導の高層居住

1.1 面積が小さい国の超高層化・高密化戦略

(1) 超高層化・高密化という必然

　シンガポール（Singapore）の国土面積は埋め立てによって拡大され，人口も増えてきた。国内経済を維持し続けるためには，先進的な経済大国に成長するしか道がない。そのための戦略は，海外投資を呼び込むことだった。1人あたりGDPは東アジアでは1位となり，日本とは約200万円の差がついている（2022年日本は5位）。

　もう一つの戦略は，人口を増加させ，その人口ボリュームを受け入れていくための超高層化・高密化である。限られた土地しかないので，超高層化し，高密化することが必然となる。このことは，都市内の超高層化が必然ではないわが国との大きな違いである。

　超高層化・高密化が必然であるからこそ，その密度条件の中で，居住環境を高め，暮らしやすい空間をつくることが大変重要になる。そうでなければ，単なる超高密の圧迫した都市空間にしかならない。

　このニーズに対しての一つの解がシンガポールの超高層住宅に現れるスカイガーデンや緑化である。

(2) 国家主導シティ・イン・ネイチャーの効果

　シンガポールの超高層住宅計画に影響するのが，国家主導の都市緑化の理念である。

　シンガポールでは，古くから「ガーデンシティ」を都市マスタープランの理念として開発を進めてきた。その後，その理念は「シティ・イン・ガーデン（庭の中の都市）」へ，そして「シティ・イン・ネイチャー（自然の中の都市）」へシフトしてきている。より大がかりな都市緑化構想である。

　そこでは，超高層・高密な都市空間の中で，居住空間と自然環境の接続が目指されている。また，脱炭素やカーボンニュートラルに向けての取組を先進的に取り入れていることはいうまでもない。

　シティ・イン・ネイチャー（自然の中の都市）の緑化構想では，開発によって失われる緑地，自然環境を建築物の中で代替する必要がある。その代替としての空間が，スカイガーデンや建物緑化である。それらの建設費には補助制度があるため，開発業者はそれらを住棟の中に，より積極的に取り入れようとする。

　当初，スカイガーデンや建物緑化の設置は，コミュニティ形成，自然とのつながり，眺望が主な目的であったが，このような規制，制度によって，その意義や効果は広がりをみせている。

　これらの空間が，超高層居住に効果をもたらせていることは，後述するアンケート調査結果からも明らかである。ただ，スカイガーデンの効果をさらに高めるには，改善が必要である。調査によると，その位置する階，椅子・テーブル・遊具などの機能，曜日によって利用頻度や評価が異なることが明らかになった。

　超高層居住であることから，最上階の共用空間は眺望やそれを楽しみながらのウォーキングに多く利用されており，その空間特性の価値が十分に生かされているといえる。一方で中間階の共用空間は利用が多くはない。居住者にとって共用空間や施設が交流の場としてはそれほどとらえられていないことから，ニーズに合う形で，多様な利用ができる機能を備えつつ，交流を誘発する空間的な価値づけが必要になっている。

(3) 国家主導の都市づくりというゴール

　シンガポールでは日本のように地震や台風はな

いが，国特有のリスクがある。飲み水をマレーシアから輸入していること，エネルギー資源がないこと，食料を輸入にたよっていること，である。これらを国内だけで自給できないため，関係諸国との国際関係というリスクに常にさらされている。

これらの危機がしっかり意識されて，国として対策が進んでいるのも，シンガポールの特徴である。そして，自給できない資源の確保が，超高層住宅の計画にも工夫として内蔵される。

このように，まず国家主導の都市づくりの大きなビジョンや目指すべきゴールがあって，それに関係するハードとソフトが追従していくというメカニズムは，わが国でも見習うべきところである。

1.2　シンガポールの超高層住宅の事情

(1)　都市事情

シンガポールは，赤道直下の島国で約 720 km^2 の小さな国土に約 550 万人が居住している。大きな産業や豊かな資源はないが，首相の強力なリーダーシップのもと外国の資本や優れた人材を積極的に受け入れ，東南アジアの中心として急速な経済成長を遂げた都市国家である。

1965 年の建国から強力なリーダーシップのもと，急速に経済発展を遂げた。この高度経済成長を支えたのが，都市計画と住宅計画を抱き合わせた政府の戦略である。この強力なリーダーシップは都市づくりや住宅建設にも発揮され，10〜15 年を視野に入れた土地利用マスタープランが5年ごとに見直されている。

(2)　HDB 公的住宅（高層住宅の歴史と住宅事情）

シンガポールの住宅の特徴は公的供給主体 HDB による集合住宅中心であること，他民族が混合する居住形態をとることである。シンガポールの総住宅数は 117 万戸で，そのうち 94 ％が集合住宅である。

戦後から 1960 年代にかけて，シンガポールの都市中は劣悪な状況にあった。戦後まもなくして，シンガポールは抜本的な都市開発を開始し，地上

の貧相な住宅から高層住宅に人々を移転させた。

初期の高層住宅は，1927 年に設立されたシンガポール改良信託（SIT，Singapore Improvement Trust）によって建設されたものである。SIT は 32 年間にわたって，主に公務員向けの賃貸住宅を約 23,000 戸供給した。1960 年以降は HDB（Housing Development Board）が SIT の役割を引き継いでいる。HDB は公的住宅を国全体に供給するという使命を持っていた。

HDB は，国土の約9割が国有地であることを活かし，当初は賃貸住宅を主体に供給してきた。その住宅地は　一部の都心立地の住宅を除き，公共交通ネットワークの延伸とともに開発された大規模ニュータウン内にあった（**写真 -2.1.1**）。その中で，住棟の高層化により住宅地に広大なオープンスペースを生み出し，そこでの緑化により良好な住環境が実現されている。

現在は，当初の賃貸住宅主導から分譲住宅に移行しており，近年では分譲住宅のアップグレードや再開発を行っている。

シンガポールの公的住宅は，CPF（Central Provident Fund）システムを通じて国民のお金で拠出される。交通手当，住宅手当，教育手当のために，給与の 30 ％がこの CPF に天引きされる。これは一種の社会保障である。

公的住宅といっても民間の分譲コンドミニアムに類似している。ただ，HDB の所有権には，民間のコンドミニアムに比べて多くのルール，規制があることが大きな違いである。

現在，シンガポール国民と永住者の 81 ％

写真 -2.1.1　郊外住宅地の風景

（2018）がHDB住宅に住み，持ち家率は約9割にも達している。このことは，全世帯の居住の安定と安心感という観点から非常に重要である。居住者の年齢が高くなった時で十分なお金がない場合でも，亡くなるまで住み続けられる仕組みがあり，誰もがシンガポールに住み続けられることを保証している。

（3）HDB住宅の計画の特徴

a. 建築計画の特徴

建国後しばらくは，標準設計による実用重視の住宅計画がなされてきたが，1980年代より既存のHDB住宅の本格的な再開発が開始され，高層化や個別設計による住環境の質向上が図られた。

HDBが供給する高層住宅には，当初からボイドデッキ（**写真-2.1.2**）があることが特徴的である。ボイドデッキは住棟1階のピロティ部分で，作り付けのテーブルや椅子が設置され，居住者にとっての日常的な活動やコミュニティの場所である。そこでは，冠婚葬祭も営まれる。シンガポールは中華系・マレー系・インド系の3つからなる

写真-2.1.2 ボイドデッキ

多人種国家であるから，ボイドデッキは冠婚葬祭やライフスタイルの違いを受けとめる舞台にもなっている。なお，ニュータウンでは人種の構成比率は厳格に管理され，宗教施設なども不平等がないよう計画されている。

一方，治安が良いために，共用玄関にはオートロックをかけない形態が多いが，住戸の玄関や窓には鉄格子が備え付けられており，玄関や窓を開放した状態で防犯性と風通しを実現している。

b. 先導プロジェクト

2000年代後半からは，超高層住宅の先導プロジェクトが推進されている（**写真-2.1.3〜2.1.5**）。HDBの公的分譲住宅の再開発が，先導プロジェクトとして位置づけられ，国際コンペが行われた。そこでは，シンガポール政府が進める自然の中の都市政策を進めるにあたっての，新しい超高層住宅のあり方，計画手法の提案が求められていた。その結果が，HDB第二世代ともいえる超高層住宅の新しい姿として現れてきている。

c. スカイガーデンを持つ超高層住宅

最近の住棟では，公的住宅，民間住宅ともに，中間階にスカイガーデンが設置されることが多い。このスカイガーデンは，高層住宅において環境配慮のための緑化とコミュニティ形成を進めるためのものとなっている。

2016年時点で，スカイガーデンは公的住宅での4事例，民間住宅での約30事例が確認できた。シンガポールでは，自然との調和や融和が政策目標であり，スカイガーデンはそれを実現するための計画手法の一つとなっている。

HDB第二世代（先導プロジェクト）

写真-2.1.3 Pinnacle@Duxton（ピナクル）

写真-2.1.4 SkyVille@Dawson（スカイビラ）

写真-2.1.5 SkyTerrace@Dawson（スカイテラス）

（4）　民間住宅事情

　1990 年代以降，民間デベロッパーによるコンドミニアムの供給が盛んになっている。これらはシンガポール人の富裕層が所有し，住まわれているが，都心部の住宅は投資の対象となり，外国人向けの賃貸住宅となっている場合も多い。

　民間住宅で特徴的なのは，アイコニックなデザインと共用空間の豊富さである。プール・アスレチック・BBQ コーナーは標準装備化され，プールでは日中の暑さで疲れた身体をリフレッシュする水泳者の姿を多く見かける。全体として水と緑をテーマとしたデザインが多く，常夏の気候の中で涼しさを感じさせる。

　また，共用空間の計画が住棟の中間階に積極的に組み込まれており，それらが住棟デザインにも現れて，超高層住宅の差別化の手段となっている（**写真 -2.1.6〜2.1.9**）。

1.3　調査対象事例：スカイガーデンを持つHDB住宅

　本稿で対象とする集合住宅は，シンガポールの都心に立地する Pinnacle@Duxton（以下「ピナクル」と略す）と郊外に立地する SkyVille@Dawson（以下「スカイビラ」と略す）の 2 つである。

　いずれも HDB の再開発の先導プロジェクトとして位置づけられた国際コンペの最優秀作であり，中間階にスカイガーデンを持つものである。

　ピナクルは 2009 年に竣工した 1 848 戸からなる巨大住棟である。26 階と 50 階に住棟をつなぐスカイガーデンが設けられている。26 階は居住者のみアクセスが可能であるが，50 階は公開されており，筆者のような日本人でも 5 ドル支払うことでアクセスできる。駐車場上部の 3 階デッキには幼稚園や誰でも利用できる子どもの遊び場が

写真 -2.1.6　Altez

写真 -2.1.7　Keppel Bay

写真 -2.1.8　The Interlace

写真 -2.1.9　The Saile

竣工年	2009 年	総戸数	1848 戸
階　数	50 階	設計者	Studio Architecture + Urbanism
共用空間の内容	50F	プレイグランド，居住者用コミュニティセンター，歴史公園，学習センター，チャイルドケアセンター	
	26F	ジョギングトラック（800 m），スカイジム，居住者用コミュニティセンター，眺望デッキ	
	3F	プレイグランド，スカイガーデン	

図 -2.1.1　ピナクルの概要

竣工年	2015 年	総戸数	960戸
階　数	47 階	設計者	WOHA
共用空間の内容	47F	眺望デッキ，スタディエリア，コミュニティプランター	
	36F	スタディエリア，子どもの遊び場，コミュニティプランター	
	25F	同上	
	14F	同上	
	3F	スタディエリア，子どもの遊び場，コミュニティプランター，隣接の駐車場棟とブリッジで連結	

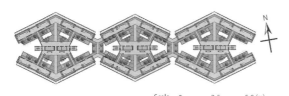

Scale　0　　2 5　　5 0 (m)

図 -2.1.2　スカイビラの概要

おかれている（図 -2.1.1）。

　スカイビラは 2015 年に竣工した。47 階建て960 戸で構成されている。3 階，14 階，25 階，36階，47 階において，スカイガーデンで住棟がつながれている（図 -2.1.2）。

1.4　居住者特性と住環境の評価

(1)　調査の概要

　調査ではまず，各事例における居住者の主な生活動線上にある共用部分においてアンケート調査を実施した。ピナクルで 55 人，スカイビラで80 人から回答を得た。調査は 2016 年 11 月 6 日〜7 日に実施した，これらの回答者の中からアンケート内容を掘り下げるヒアリング調査を実施した。ヒアリングはピナクルで 8 件，スカイビラで13 件，実施した。

(2)　居住者特性

　アンケート対象居住者の年齢は，スカイビラは30 代が 46 人（58 %）と過半数を超し，40 代以上は 22 人（28 %）である。一方のピナクルも 30代が 27 人（49 %）と最多であるものの，40 代以上も 20 人（36 %）おり，ピナクルの方が若干，年齢が高い（図 -2.1.3）。

　それに伴い，家族構成では，スカイビラでは長子が未就学児の世帯が 24 人（30 %）と最多であるが，ピナクルでは長子が小中学生の世帯が 17人（31 %）で最多である。これは，竣工年がピナクルの方が 6 年早いことも一因と考えられる（図 -2.1.4）。

　職業では，両団地とも公務員および正規雇用者

（　）内は回答数Nを示す

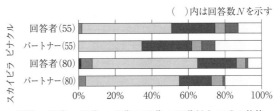

■10代　■20代　■30代　■40代　■50代　■60代以上　□その他等

図 -2.1.3　年齢層

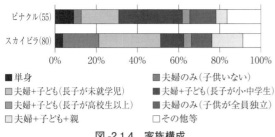

図 -2.1.4 家族構成

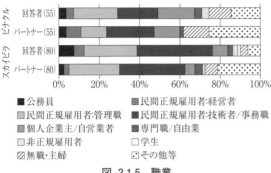

図 -2.1.5 職業

が大半を占める傾向がみられるが，ピナクルでの職業では，民間の管理職や技術者も含みばらつきがみられた（図 -2.1.5）。

（3） 住宅の選択理由

住宅の選択理由（図略）では，2 事例とも「通勤に便利」がトップであり，次いで「資産価値が高い」であった。ピナクルでは，次に「スカイガーデンが充実している」「飲食・娯楽施設などが便利」である。スカイビラでは，「団地内広場・緑の景観が良い」「日常の買い物が便利」が多く，それぞれの団地の立地特性や，建物特性に応じて評価されているのがわかる。

両団地とも，居住階の選択理由として最多であったのは「眺望の良さ」であり，次いで「風通しの良さ」「日当たり」「資産価値」が挙げられる。

眺望の良さ，風通し，資産価値は，高層階の居住者ほどその傾向は強い。眺望の良さは，10 階以下の居住者であっても選択理由に挙げるなど，全体的に自宅からの眺望が選択に影響を与えていた。

居住階の選択理由（図 -2.1.6）にスカイガーデンがあることを挙げたのは，ピナクルで 13 ％，スカイビラで 16 ％であった。入居前の選択時には，通風や眺望を含めた自宅の資産価値の高さが理由として選ばれており，スカイガーデンはそれほど重視されてはいなかった。一方，居住後では，ピナクルではスカイガーデンは避難用として認識され，スカイビラでは憩いの場であり避難用では

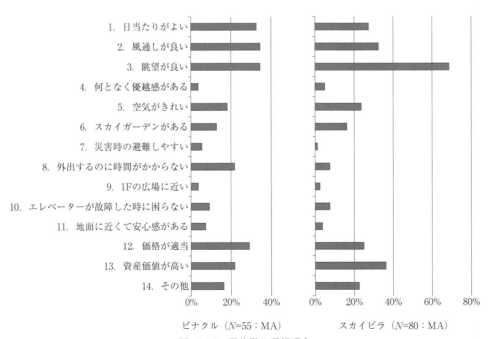

1. 日当たりがよい
2. 風通しが良い
3. 眺望が良い
4. 何となく優越感がある
5. 空気がきれい
6. スカイガーデンがある
7. 災害時の避難しやすい
8. 外出するのに時間がかからない
9. 1Fの広場に近い
10. エレベーターが故障した時に困らない
11. 地面に近くて安心感がある
12. 価格が適当
13. 資産価値が高い
14. その他

ピナクル（N=55：MA）　　　スカイビラ（N=80：MA）

図 -2.1.6 居住階の選択理由

ないと認識され，評価がわかれている。

　また，災害時の避難のしやすさは居住階に関係なく選択理由にならず，地面に近いことの安心感は，低層階であっても居住階選択要因として重要視されてはなかった。

(4) 住居の満足度

　アンケートからは，住居への満足度が全体的に高いことが把握できた。

　ピナクルとスカイビラともに，立地の良さから「通勤・通学などに便利」に対する満足度が高くなっている。ピナクルでは中華街や付近の食堂の多さから「日常の買い物・飲食・娯楽などの利便性」，いくつもの建築関係の賞を受賞していることもあり「建物のデザインやまちの景観」に対する満足度が高かった。

　スカイビラでは敷地の広さと共用空間の多さ，緑の多さから「子供の遊び場・公園など」「緑・水辺など自然とのふれあい」，北は緑地帯で南はビル群である景観の違いから「建物のデザインやまちの景観」の満足度が高い。また居住年数が短いため，近隣との関係が薄く「友人・知人・親族とのかかわり」「近隣の人たちやコミュニティとのかかわり」の満足度は低くなった。

　両方の事例で，「治安・犯罪発生の防止」に若干の不満がみられている（図-2.1.7）。オープンな場所が多いため人の出入りも激しく，総戸数も多いため居住者かどうかの判断も難しいからであろう。

　災害時の避難の安全性では，ピナクルの場合，屋上および，中間階の26階に防火帯ともなるス

カイガーデンが設置されていることもあり，スカイガーデンの付近階および低層階では不満が少なかった。一方，スカイビラは9階ごとにスカイガーデンが設置されているものの，ピナクルよりも不満がみられた。

　また，防犯性に対する不満はピナクルではほぼ見られず，低層階にわずかにあるだけであった。一方で，スカイビラでは高層階であっても防犯性への不満がみられた。

　基本的にHDBによる集合住宅の共用空間は，居住者以外でも出入りが自由である。そのため，スカイビラではスカイガーデンの出入りには制限が無い。しかし，ピナクルでは，屋上（50階）は眺望を売りにした有料の観光スポットであるが，26階のスカイガーデンは住民専用であり出入りは限定的である。この違いが防犯性の評価の差に出たと考えられる。また，スカイビラでは，スカイガーデンは憩いの場として日常的に使われていたが，ピナクルでは観光客や来訪者が多いという理由で敬遠されていた。

1.5　共用空間の利用と評価

(1) 調査の概要

　ピナクル，スカイビラの共用空間を対象とし，休日（日曜，晴天）と平日（月曜，小雨）に，1時間おきに巡回し利用実態を観察し記録した。観察調査の対象としたのは，ピナクルのプレイガーデン＋ボイドデッキ（3階），スカイガーデン（50階），スカイビラのボイドデッキ（1階），スカイガーデン（3，14，25，36，47階）8エリアである。

　また，先述したアンケートより，共用空間に関する部分を取り上げ，その評価を把握した。

(2) 共用空間の利用実態（図-2.1.8）

　まず，利用実態の観察調査の結果をまとめてみよう。

a. ピナクル

　ピナクルの休日で利用者が多いのはスカイガーデン（50階）の19：00台で，歩いたり，座った

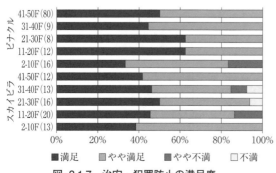

図-2.1.7　治安・犯罪防止の満足度

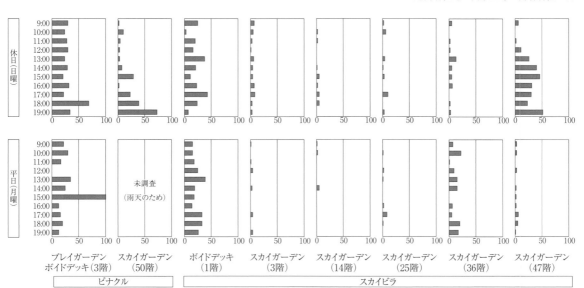

図 -2.1.8　共用空間の利用者数

りして夜景をみるための利用が多くなり（ただし，有料で一般開放されているため市民や観光客も含まれる），午前中の利用は少ない。

　次いで，プレイガーデン＋ボイドデッキの18：00台で，話をする行動が多い。平日ではプレイガーデン＋ボイドデッキの15：00台で，託児所（3階）や学校から帰宅する親や子供の通過利用が増えた。プレイガーデン＋ボイドデッキの休日・平日では，ピーク時を除く時間帯には同程度の利用があり，いずれも話をする行動が多い（**図 -2.1.9，2.1.10**）。

b.　スカイビラ

　スカイビラの休日で利用者が多いのは，47階のスカイガーデンの19時台で散歩や食事，眺望を楽しむなどさまざまな利用がある。平日ではボイドデッキの13時と17時台で，通過利用が多くなった。スカイガーデンの利用は，小雨の影響も考えられるが，休日に比べ平日は減少した。休日・平日とも最上階（47階）のスカイガーデンを除く中間階のスカイガーデンの利用は低調であったが，小雨であった平日の36階のスカイガーデンには利用者が若干増えた。

(3)　共用空間の評価

　ここからは，アンケートによって把握した共用

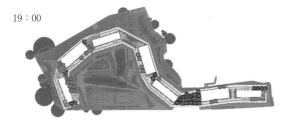

図 -2.1.9　19:00 の利用状況

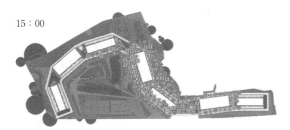

図 -2.1.10　15:00 の利用状況

写真 -2.1.10　共用空間の様子

空間の利用頻度，方法，評価についてまとめる。

a. 利用頻度（図 -2.1.11）

「週2，3以上利用する居住者」の割合をみると，ピナクルでは，プレイガーデン＋ボイドデッキ（3階）で42%と高く，26階と53階のスカイガーデンで約3割程度であった。

スカイビラのスカイガーデン（14，25，36，47階）では1割以下で，14，25，36階は「利用しない」とする回答が5割程度であった。スカイビラと比較しピナクルの方が全体的に共用空間が利用されている。

b. 利用方法（図 -2.1.12）

両団地とも利用方法として多いのは，順に「散歩する（ピナクル83%，スカイビラ64%）」「眺望を楽しむ（同73%，71%）」「夕涼みをする（同50%，50%）」である。スカイビラと比較しピナクルの方が「散歩する」「近所の人とおしゃべりをする」割合が高いが，その他の利用の傾向は同じであった。

このアンケート結果は，先述した観察調査での利用とほぼ同様の結果であった。

c. 共用空間の評価（図 -2.1.13）

両団地で高い評価を得ているものは「眺望の満喫（ピナクル83%，スカイビラ90%）」「緑が多く気持ちがよい（同69%，68%）」であった。一方，殺風景やしつらえが悪いなど低評価の項目に対する割合は低い。合わせてみると，居住者の共用空間への評価は比較的に高い。

ピナクルでは3番目に「さまざまな利用ができて楽しい（60%）」が高く評価されたが，スカイビラでは43%と比べると低く，それぞれの共用空間の特性が反映されていると考えられる。

「居住者の交流の場として重要」という評価は両団地で3割程度であった。

d. 改善点（図 -2.1.14）

共用空間の改善点について，ピナクルでは「もっとさまざまな利用ができる設備や什器を増やす（46%）」「ときどきイベントを開催して，身近に利用できるようにする（31%）」で，スカイビラでは「集会所や運動施設などの屋内施設を増やす（51%）」「清掃や緑地管理などをよりよくする（39%）」であった。

「セキュリティを強化する」はピナクルが14%に対し，スカイビラが36%と高くなった。両団地での改善に対する要望は異なる結果となり，共用空間の特性が要望に反映されていると考えられる。

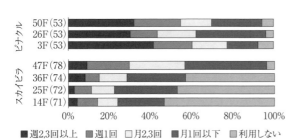

図 -2.1.11　共用空間の利用頻度

■週2,3回以上　週1回　月2,3回　月1回以下　利用しない

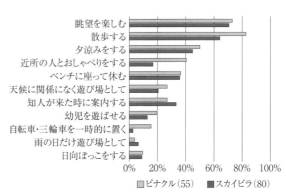

図 -2.1.12　共用空間の利用方法（MA）

■ピナクル(55)　■スカイビラ(80)

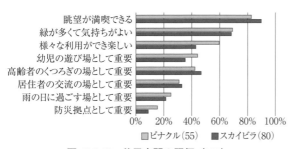

図 -2.1.13　共用空間の評価（MA）

■ピナクル(55)　■スカイビラ(80)

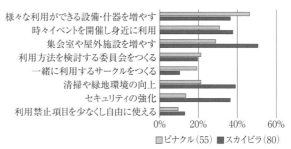

図 -2.1.14　共用空間の改善点（MA）

■ピナクル(55)　■スカイビラ(80)

コラム　OKla な SG 生活

見上げた空に「3D アート」

　私がシンガポールにいたのは 2016 年頃。青空のキャンパスに灼熱の太陽で照らされた「3Dアート」それがシンガポールへの印象である。

見た目とのギャップ

　私は 2 軒のコンドミニアムを経験した。いずれもプール，パーティールーム，ジム，テニスコート，プレイグランド，バーベキューピット，スカイガーデンなど共用設備が充実した民間の高層集合住宅で，家賃は日本円にすると 1 ヶ月 40 万程。ありがたいことに夫の会社からの手厚い住宅手当で暮らせていた。家賃に相応しい豪華な外観だが，室内は残念な点が多く家賃はどこへ消えるのやら……と思うほど整っていなかった。鍵の解除・施錠ができない，窓が閉まらない，水が詰まる，ダクトが穴だらけ，スイッチや備え付けの棚が斜めなどなど。温水用ボイラーが故障し交換してもらった時は，新しいボイラーが点検口から入らず，業者が豪快に天井を削ってしまった。大きく割かれた口には当然，元の蓋は合わず隙間が開いたままで終了。お湯が出るようになれば "OKla" といわんばかりだった。いろいろな家の問題に直面する度に，日本の住宅設備の精巧さや品質の高さ，利便性や設備管理力を痛感し，誇りに感じたものだった。

キッチンが半外に !?

　「キッチンとベランダの間に壁がない！　キッチンが外にある！」先にシンガポールに赴任し家探しをしていた夫の説明。この説明で皆さんは想像つくだろうか？　実物を見て衝撃的だった。キッチンと，洗濯場やダストシュートが設置されているヤードとの間にドアや壁がなく一繋がり。ゴキブリやヤモリ，アリの侵入にビクビクしながら，また，雨や風，チリや埃の吹き込みを気にしながらの料理は，慣れるまで相当の苦痛だった。後になって知ったのだが，キッ

チンやバスルームなどに換気扇がないのがシンガポールでの一般的な造りとのことで，半外の造りは空気の循環のためだと納得した。大変合理的である。

写真　キッチンと隣接するヤード

孤独からの脱出は自分次第

　生活リズムの違いからか隣や向かいの住人の顔も名前もわからず，知り合いもできず多々孤独を感じた。そんな時ほど賑やかな HDB 住宅が気になった。1 階にはイベントスペース，公園，ベンチ，フードコート，スーパーや商店など老若男女が交わり集っていた。孤独感から脱出したいと，たまたま目に留まった看板の習い事教室の門を叩いた。シンガポーリアンの先生や生徒さんたちが "OKla" と温かく受け入れてくれた。自分次第で何かが変わる。「勢いよく新しい世界へ飛び込め！」と，完全在宅勤務で孤独を感じる今の自分に伝えたい。

（久保田聖子）

写真　民間住宅の 1 階の様子

2 香港の超高層住宅： 高密度をきわめた都市生活の拠点

2.1 香港の垂直的アーバニズム

(1) 「地面のない都市」

　香港（Hong Kong）は「地面のない都市」(Cities without Ground) としばしば形容される。これは，傾斜地に都市が建設されたため物理的に平らな地面が少ないということに加え，文化的にも「地面」という概念が希薄であるためであるといわれる[1]。たしかに，香港中心部の高層建築の上層階からみえるのは隣の建物の壁や部屋であり，地面や道路をみることが難しい。また，地面だと思っていた場所が実は「ポディウム」と呼ばれる建物の基壇部分の屋上だった，ということもよくある（**写真 -2.2.1，2.2.2**）。また，建物が隣の建物や鉄道駅と空中歩廊で接続されており，地面に立つことなく移動することも可能である。絶え間ない都市開発によって公私の関係は再定義され続けており，高層の建築，機能の複合，複雑な交通

写真 -2.2.2　ポディウムの屋上の公園（太古城 Tai Koo Shing）

網を特徴とする都市景観を生み出している。

(2) ポディウムとタワー

　香港の独特の都市景観には，それを生み出している一定の形式が存在する。それは「ポディウム（podium)」と呼ばれる建物の基壇部分とその上に載るタワーの組み合わせである。映画『恋する惑星』（ウォン・カーウェイ，1994 年）の舞台としても有名な重慶大廈（チョンキンマンション）は，この組み合わせによる複合開発の初期の事例である（1961 年完成，当初は個人住宅として提供されたが，その後，南アジア，アフリカ系の商人の店舗やバックパッカーの安宿となった）。香港政府の建築規制[2] では，ポディウムは建ぺい率 100 ％で建設できる代わりに高さが 15 m に制限されていた。タワーの１階は，ポディウム屋上の面積の 65 ％の床面積まで建設できる。ポディウムには主に店舗や駐車場，交通施設（鉄道駅，バスターミナル等）が入り，タワーには住居，ホテル，オフィス等が入り，建物全体が多様な人々と施設を飲み込む，１つの都市のように機能している。

写真 -2.2.1　ポディウムとタワー：中間階に避火層が見える（瓏門 Century Gateway）

（3） 公共空間のネットワーク化

　ポディウムとタワーの組み合わせによる開発は香港における建築類型として定着しており，巨大化した開発は近年,「モール・シティ」とも表現されている[3]。香港は面積あたりの「モール」（複合商業施設）の数が世界でも群を抜いて多い場所であり（国土 1 km^2 あたりモール床面積 5 606 m^2，二位はシンガポールで 4 023 m^2，三位はオランダで 253 m^2），小売業・卸売業に従事する人の割合も高い（4 人にひとりが従事，ニューヨークは 9 人にひとり）。きわめて高い地価を背景として近年，本来は地面に近いレベルにあった商業施設が積層され，ポディウムが高層化している（図 -2.2.1）。先述のようにポディウムには当初，高さ規制があったが，1990 年代以降は条件が緩和されるケースが増えている（既存建物の増床も含む）。このようにして肥大化したポディウムを持つ事例として，Harbour City（尖沙咀（Tsim Sha Tsui），1966〜），City Plaza（太古城（Taikoo Shing），1982〜），Langham Place（旺角（Mong kok），1999〜），Elements（九龍（Kowloon），1994〜，図 -2.2.2）等がある。ポディウムの肥大化により，民間所有の空間が公園や公共交通と空間・機能の面で複雑に絡み合いながら公共空間のネットワークを構築している（図 -2.2.3）。そこには伝統的な都市にみられる図と地の関係，すなわち都市の軸や中心，エッジ等，明確な要素，空間構成原理がもはや存在しない。そのため香港の都市空間は一見すると無秩序にもみえるが，そこ

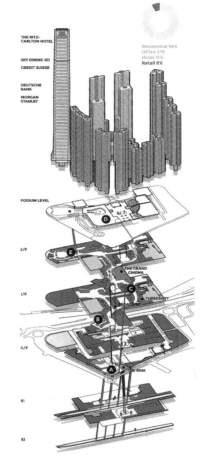

図 -2.2.2 「モールシティ」の例（Elements）[3]

には後述するように政治活動をする人々，退職した高齢者，移民家事労働者といった社会に居場所をみつけにくい人たちを含む多様な人々が行き交っている。香港の公共空間に活気があるようにみえるのは，住宅面積の狭さも影響しており，また，公共空間自体にも問題がないわけではない。

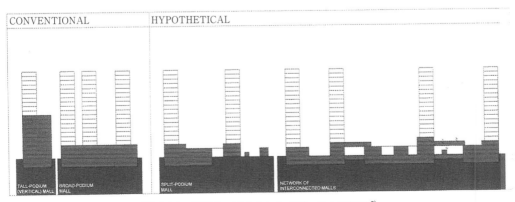

図 -2.2.1　高層化，巨大化したポディウムの類型[3]

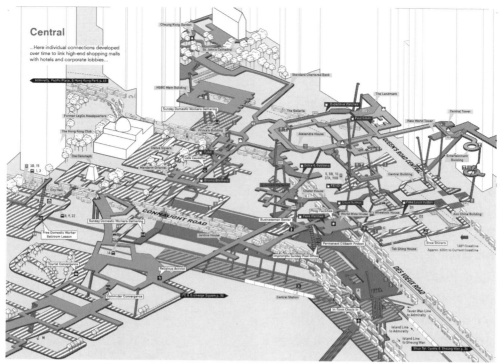

図-2.2.3　香港の公共空間ネットワークの例（中環 Central 地区）[1]

しかし，このような高密度の生活環境を突き詰めた際に実現される都市社会とそれを支える住宅，交通，社会的制度の高度な連関からは日本の都市も学ぶべきことが多い。

2.2　高層住宅による都市の垂直化

（1）公的住宅の供給

　香港では公的住宅に全人口（2020 年現在，約750 万人）の半数近くにあたる約 300 万人が暮らしている。公的住宅団地は今やいたるところにあり，香港の景観の一部となっている。しかし，1950 年代まで，団地は存在すらしていなかった。約 70 年という短い歴史のなかで，限られた土地に多くの人々を住まわせるために団地の建設，高層化が進められてきた（香港における公的住宅供給の歴史と高層化の経緯については第 3 部 2 章を参照）。

　香港の主権は 1997 年にイギリスから中華人民共和国へと移譲された。香港返還以来，香港へは中国本土から人口が大量に流入しており，大量の

住宅建設が現在も続いている。住宅供給の公的主体には香港住宅委員会（Hong Kong Housing Authority：HKHA）と香港住宅協会（Hong Kong Housing Society：HKHS）がある。前者による供給量が圧倒的に多く，分譲と賃貸の両方を供給している。民間により供給された住宅は都心部に立地するものが多く，公的住宅は郊外に立地し，大規模であるものが多い。

（2）超高層住宅とスカイガーデン

　香港に建つ住宅のほとんどは超高層（20 階以上）である。ながらく続く堅調な住宅需要，1990年代末の空港の郊外移転による建物の高さ制限撤廃により近年，住宅の高層化がさらに加速している。香港で「スカイガーデン」に該当するのは，ポディウムの屋上，タワーの屋上，そして，「避火層」（Refuge Floor）と呼ばれる中間階の空間である。「避火層」は香港の消防法に準拠して住棟の中間階に設けられた1〜2 層の空間である。火災時の一時避難場所であるため周囲は壁で囲まれておらず，基本的に何もない空間である。避火

層の設置が義務付けられるのは，高さが40階を超える場合であり，その後25階ごとに設置しなければならない。ただし，公的住宅は，先述のように郊外に立地するものが多いため高層化の必要性が低く，コストの制約も大きいことから40階を超えて建てられることはない。避火層が設けられるのは民間住宅，とくに敷地面積の制約が大きく用途の複合化にも必然性がある都心部に立地するものである。

（3）「避火層」の実態（民間住宅）

筆者らが訪ねたいくつかの民間住宅に共通する特徴としてまず，「避火層」がある階には通常，エレベーターは停止せず，居住者が持つ鍵がないと入れないようになっている。また，避火層には法律に従い，何も置かれておらず，植栽・ベンチ等が置かれている場合もそれらの素材は火災時のもえぐさにならないものが基本である（**写真-2.2**

写真 -2.2.3 「避火層」の例：何も置かれていない場合（Royal Peninsula）

写真 -2.2.4 「避火層」の例：植栽やベンチが置かれている場合（The Orchard）

.3，2.2.4）。このように現状では，「避火層」はあくまで火災などの非常時のために確保された空間であり，居住者が日常的に使用する空間ではない。なお，香港政府は2001年に高さ規制の緩和等を含む「グリーン・インセンティブ」[4]を発表し，スカイガーデンの設置を推進している。実際に設置されたもののうち中間層にあるものは上でみた例のように避火層を兼ねている事が多い。しかし，それらは，風が強く夏には台風が通過する香港において，周辺地域の微気候を改善する上で有効ではなく，また，居住者による利用率も低いという点が指摘されており[5]，改善の余地は大きい。とはいえ，建物の中間階に挿入された水平のヴォイドは，垂直方向に成長し続けてきた香港という都市の特徴を現す風景の一部となっている。

2.3 多様な人々の居場所としての公共空間

（1）異議申し立ての空間としての路上

香港では土地は基本的にすべて香港政府の所有であり，建物の開発を政府と民間が行っている。都市全体に政府による強いコントロールがかかっており，また，民間の投資もグローバルな資本による厳しい競争を繰り広げている。市民の居場所となる公共空間は，このような政府と民間の力関係が作用する超高密度な都市空間の隙間を縫うように現れては消えてを繰り返しており，そこに独特の公共性の原理が垣間みられる。2010年代には香港の公共空間は政府への異議申し立てを市民が行う空間としても使われ，2014年の雨傘運動では中心部の道路が一定期間占拠され，2019年以降の民主化運動では，街中に活動が点在し集会の場所が毎週末変わるという流動性がみられた[6]。

（2）外国人家事労働者たちの週末の集い

香港では外国人家事労働者（メイド）が人口の約5％，全労働人口の約8％を占めており，子供を持つ家庭の3分の1にメイドがいるといわれる。メイドは雇い主の家に住み込みで働くことが法律

で義務付けられている。その代わり家賃や水道光熱費，食費といった基本的な生活費は無料となっているが，過酷な労働環境はしばしば問題視される。メイドの多くはフィリピンやインドネシアなどから来た人々であり，住み込みで働くため普段は会うことがないが，週末には中心部の公園や官公庁街，オフィス街の公共空間に集う。普段は観光客でごった返す中心街が日曜日だけはメイドたちの空間となり，そこで親しい仲間と会ったり，出身地へ送る荷物の荷造りなどをしている。

(3)　早朝の公園に集う高齢者

　香港の早朝の公園は太極拳をする高齢者たちで賑わっている。太極拳が終わると飲茶（ヤムチャ）に繰り出し，気の合う仲間と会話を楽しむ。飲茶は広東地方の独特の食文化で，香港や広東省の地元の人は「早茶」（ジョーチヤ）といって，朝から飲茶を楽しむ人が多い。香港では「孤食」をする高齢者が少ないといわれる。それには，住宅が狭いため外に出ていかざるを得ないという事情に加え，人口が密集しているため知り合いや家族に会いやすいという理由がある。また，香港政府は2000年から健康促進プロジェクトを行っており，高齢者が運動できる公共施設を増やし，65歳以上を対象に「長者カード」（The Senior Citizen Card）を発行している。これは一定の条件（①申請前の1年間，継続して香港に居住，②香港市民として7年以上が経過，③資産や月収額が一定の金額以下）をクリアしていれば誰でも申請できる生活手当である。このような手当も，高齢者が飲茶に頻繁に通う手助けとなっている。

2.4　調査対象：ポディウムを持つ高層公的住宅

　香港の都市開発の特徴である，ポディウムを持つ高層公的住宅の事例を調査対象とした。今回取り上げたのは，HKHAによる賃貸住宅の藍田邨（Lam Tin Estate（**図 -2.2.4**，以下LT））とHKHSによる分譲住宅の茵怡花園（Verbena Heights

竣工年	2009年	総戸数	3 036（賃貸住宅）
階　数	40階	設計者	HK Housing Authority
その他	賃貸住宅の建替え事例。各所に建替え前の団地の風景や生活の様子を展示。（近年の建替え団地の共通仕様か）		
共用空間の内容	2階	【別棟屋上】バスケットボールコート，【デッキ内部】卓球台，健身機器，子供の遊具，将棋コーナーなど	
	1階	バトミントンコート，家庭菜園，子供の遊び場，健身機器，植栽・ベンチなど，HKHA管理事務所	

図 -2.2.4　藍田邨 Lam Tin Estate の概要

（**図 -2.2.5**，以下VH））である。いずれも40階程度と公的住宅のなかでは最も高層な建物であり，かつ比較的近年（VH：1990年代，LT：2000年代）になって建てられたことから，香港における現代の超高層公的住宅の特徴を表している事例である。とくにLTは，第3部2章でも解説されている，風向き・日射等のシミュレーションに基づくパッシブデザインや，高齢者を含む多様な世代の利用に対応した外構・施設計画が採用されており，これは香港における2000年代以降の公的住宅団地計画にみられる特徴である。なお，LTは予定通り調査を実施できたが，VHは管理者の十分な協力が得られず，少数かつ高齢世帯にやや偏ったサンプリングとなった。

竣工年	1996/97年	総戸数	1 894（分譲）＋971（賃貸）
階　数	33〜48階	設計者	Hong Kong Housing Society
その他	最寄り地下鉄駅からか2階回廊経由で分譲棟オートロックに至る。回廊に面し（オートロック外）にデイケアセンター，幼稚園，子ども図書館あり。		
共用空間の内容	2階	【デッキ部分】子供の遊具，植栽・ベンチ	
	1階	スーパー，ファーストフード，ほか店舗，管理事務室，駐車場	

図 -2.2.5　茵怡花園 Verbena Heights の概要

2.5　居住者特性と住環境の評価

(1)　調査の概要

　調査ではまず，各事例における居住者の主な生活動線上の共用部分においてアンケート調査を実施し，協力が得られた居住者にその場で調査票に記入してもらい，回収した。LT で 123 票，VH で 13 票の回答を得た。以上の調査は 2017 年 11 月 5 日（日）〜6 日（月）に実施したが，VH は，上述した通り少数かつやや偏ったサンプリングと

なった。そのため，ここではあくまで比較のための参考程度のデータとして結果を示している。

　なお，HKHA の賃貸住宅に応募する居住者は，所得などの条件を満たす必要があり，また，応募時に希望できるのは地域のみであり，新界・九龍半島・香港島の 3 エリアから選択する。住戸や居住階の希望は申請できない。申請者は HKHA から割当てられた住戸が希望に沿わなければ断ることもできるが，3 回断ると再度ウェイティングリストに登録し申請をやり直さなければならない。

(2)　居住者特性

　年齢（図 -2.2.6）では，LT の回答者は 60 代以上が 70 ％程度，そのパートナーは 60 代以上が 50 ％を超えている。香港の高齢化率は 2016 年で 16 ％なので，回答者は世帯の年長者であること

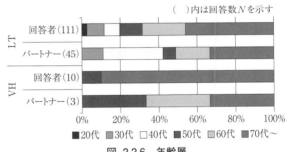

図 -2.2.6　年齢層

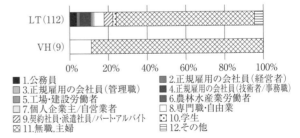

図 -2.2.7　職業

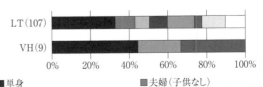

注) 「夫婦（子供なし）」「夫婦のみ（子供が独立）」以外の夫婦は，どちらか親一人の場合も含む

図 -2.2.8　家族構成

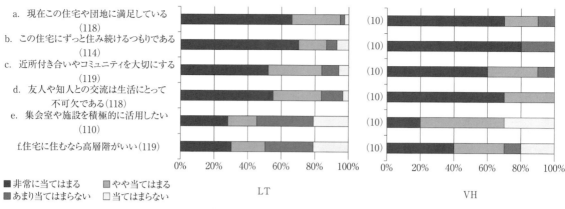

a. 現在この住宅や団地に満足している (118)
b. この住宅にずっと住み続けるつもりである (114)
c. 近所付き合いやコミュニティを大切にする (119)
d. 友人や知人との交流は生活にとって不可欠である(118)
e. 集会室や施設を積極的に活用したい (110)
f.住宅に住むなら高層階がいい(119)

■ 非常に当てはまる　■ やや当てはまる
■ あまり当てはまらない　□ 当てはまらない

LT　　　VH

図-2.2.9　住環境に対する意識

を考慮しても，調査対象事例の高齢化率はきわめて高い。低所得者対象の公的賃貸住宅が高齢者の受け皿になっていることがわかる。

　職業（図-2.2.7）では，無職・主婦が70％強である。香港の定年はつい最近まで60才だったので，上述した年齢の結果と符合する。

　家族構成（図-2.2.8）では，（高齢の）単身者が最も多いが，夫婦（子供なし）を加えても40％強程度である。LTの住戸専有面積は18〜38 m^{2}であることを考えると，3人以上が暮らし，居住密度がきわめて高い住戸も少なからず存在すると推測される。

(3) 住環境の評価

a. 満足度

　住環境に対する意識（図-2.2.9）のうち，「a. 現在の住宅・団地の満足度」「b. 永住意識」2事例ともに高い。これには，香港の事例では居住者の年齢層が比較的高いことも影響していると考えられる。「c. 近所付き合いやコミュニティを大切にする」「d. 友人・知人との交流は生活にとって不可欠である」に比べ，「e. 集会室や施設の積極的活用」は低い。これについては，飲茶に代表される，街で交流する習慣の有無の違いが影響しているとも考えられる。一方，住環境で満足している項目（図-2.2.10）をみると，「12. 友人・知人・親戚との関わり」「13. 近隣の人たちやコミュニティとの関わり」はけっして高いとはいえず，団地内に住民間の交流を促すような施設を計画する

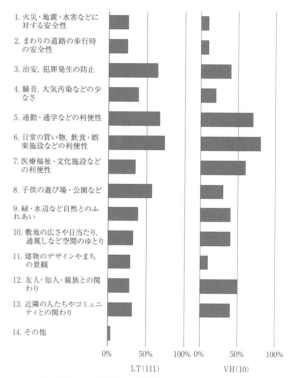

1. 火災・地震・水害などに対する安全性
2. まわりの道路の歩行時の安全性
3. 治安, 犯罪発生の防止
4. 騒音, 大気汚染などの少なさ
5. 通勤・通学などの利便性
6. 日常の買い物, 飲食・娯楽施設などの利便性
7. 医療福祉・文化施設などの利便性
8. 子供の遊び場・公園など
9. 緑・水辺など自然とのふれあい
10. 敷地の広さや日当たり, 通風しなど空間のゆとり
11. 建物のデザインやまちの景観
12. 友人・知人・親族との関わり
13. 近隣の人たちやコミュニティとの関わり
14. その他

LT(111)　　VH(10)

図-2.2.10　住環境で満足している項目（MA）

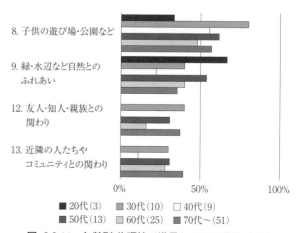

8. 子供の遊び場・公園など
9. 緑・水辺など自然とのふれあい
12. 友人・知人・親族との関わり
13. 近隣の人たちやコミュニティとの関わり

■ 20代(3)　■ 30代(10)　□ 40代(9)
■ 50代(13)　■ 60代(25)　■ 70代〜(51)

図-2.2.11　年齢別 住環境で満足している項目（MA）

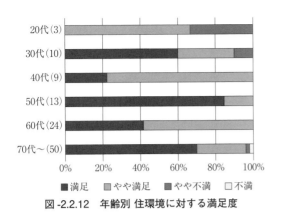

図 -2.2.12　年齢別 住環境に対する満足度

余地はありそうである。

b.　年齢と満足度

　住環境で満足している項目を年齢別（**図 -2.2.11**）にみると 20 代・30 代と 70 代の評価が共通して高く，これは住環境に対する総合満足度の評価（**図 -2.2.12**）とも関連していると推測できる。

2.6　共用空間の利用と評価

（1）　調査の概要

　LT の共用空間を対象として，休日（2017.11.5，日曜，晴天）と平日（2017.11.6，月曜，曇天）に，筆者ら調査員が 1 時間おきに団地を巡回し（7：00〜18：00 の 12 回），利用の実態を観察・記録した。観察調査の対象エリアは，①1 階外構（バドミントンコート，ステージ，子供の遊具，健身機器，ベンチ等），②2 階デッキ（バスケットコート，卓球台，空中歩廊等）である。

　また，先述したアンケート調査の回答より，共用空間に関する利用頻度，評価を把握した。

（2）　共用空間の利用実態

　1 階外構は 1 日を通して 2 階デッキよりも利用者が多く，昼前（10〜11 時台）と夕方（16〜17時台）に利用者数の顕著な利用ピークがみられる（**図 -2.2.13**）。2 階デッキの利用者数は 1 日を通してほぼ同程度で推移するが，休日の昼間は増加する傾向にあった。2 階デッキ（ボイドデッキ）で住民が食事や会話を楽しむ様子が観察された。

　利用者の年齢構成をみると，休日の朝方（7〜8

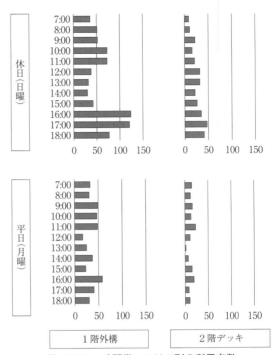

図 -2.2.13　時間帯・エリア別の利用者数

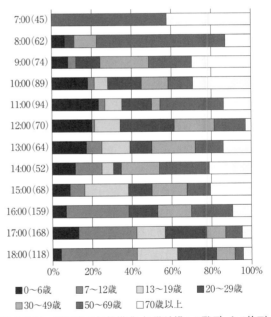

図-2.2.14　利用者の年齢構成（1階外構＋2階デッキ/休日）

時台）は年輩者（50 歳以上）の利用が圧倒的に多く，利用の場所・内容は 1 階外構での太極拳，1 階外構および 2 階デッキでの健身機器等での運動が中心である（**図 -2.2.14，2.2.15**）。10 時を過ぎると幼児（0〜6 歳）とその親（20〜29 歳），午後になると小中学生等（7〜19 歳）が増加する。利用内容は，子供は 1 階外構の広場，遊具での遊

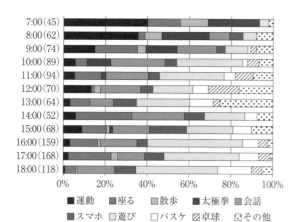

図 -2.2.15　利用内容（1 階外構＋2 階デッキ / 休日）

バドミントンコートで太極拳

ベンチでの休憩・会話

2F デッキでの食事・会話
写真 -2.2.5　共用空間の利用状況

び，2 階デッキでの卓球やバスケットボールが多く，親達は立ち話をしたりベンチに座ってスマホを操作している。高齢者は 1 階外構のベンチに座る，友人との会話，昼寝といった利用が多く，朝方と夕方は散歩をする様子もみられた（**写真 -2.2.5**）。

　このように，共用空間の利用は，時間帯や場所によって年齢層ごとの使い分けがみられ，全体として多世代の居住者による利用がみられた。これには，先述した，団地のパッシブデザインや多世代共生を考慮した計画が有効に機能した結果であると捉えられる。

（3）共用空間の評価

a. 利用頻度

　2 階デッキおよび 1 階外構のうち子供の遊具，健身機器等の利用はいずれも「週 2，3 回以上」が回答者の 4 割強を占め，「週 1 回程度」とあわせると 6 割近くとなり，共用空間が広く日常的に利用されていることがわかる。1 階外構のうちバドミントンコート，ステージ等は回答者のうち 5 割弱で「週 1 回程度」の利用があるものの，子供の遊具，健身機器等と比べると利用頻度は低く，「利用しない」も 1/3 を超えるなど，利用者がある程度限られていると推測される（**図 -2.2.16**）。

b. 利用方法

　共用空間の利用方法は「散歩する（67.2 %）」，「ベンチに座って休む（52.1 %）」，「運動する

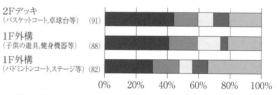

図 -2.2.16　共用空間の利用頻度

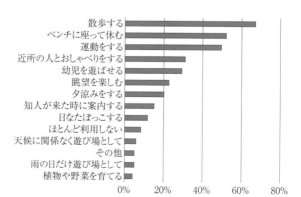

図 -2.2.17　共用空間の利用方法（*N*=111：MA）

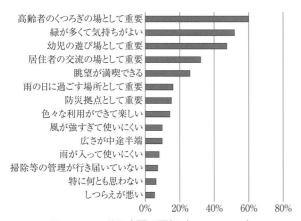

図 -2.2.18　共用空間の評価（*N*=111：MA）

（49.6 %）」の順で多い（**図 -2.2.17**）。「近所の人と
おしゃべりをする」,「幼児を遊ばせる」も約3割
みられ, このような傾向は観察調査の結果ともお
おむね合致する。「眺望を楽しむ（22.7 %）」も比
較的多いのは, この団地が丘陵地に立地しており,
1階外構の広場や2階デッキからの眺望が得られ
るためであると推測される。

c. 共用空間の評価

共用空間の評価について,「高齢者のくつろ
ぎの場として重要（59.5 %）」,「緑が多くて気持
ちがよい（51.8 %）」,「幼児の遊び場として重要
（47.3 %）」といった項目についての回答が4割強
〜6割となっており高く評価されていることがう
かがえる。次いで「居住者の交流の場として重
要」が3割強を占めている。

一方, 風が強すぎて使いにくい（9.8 %）」,「広
さが中途半端（9.8 %）」,「雨が入って使いにくい
（8.0 %）」といった否定的評価も1割弱あった（**図
-2.2.18**）。

共用空間の総合的な満足度は, 6割弱が「満足」
であり,「やや満足」をあわせると9割超となり,
全体としては高い評価を得ている。

参考文献

1） Adam Frampton, Jonathan D. Solomon, Clara Wong. Cities Without Ground：A Hong Kong Guidebook, Oro Editions, 2012
2） Building（Planning）Regulation 20（3）, 1998
3） Stefan Al ed. Mall City：Hong Kong's Dreamworlds of Consumption, Hong Kong University Press, 2016
4） HKSAR Buildings Department, Lands Department and Planning Department. Joint Practice Note No.1 - Green and Innovative Buildings, 2001
5） Tony Ip. Sky Garden Design In High-Density High-Rise Residential Development, Sustainable Building 2013 Hong Kong Regional Conference, 2013
6） 富永秀俊：垂直な公共空間：空中歩廊は市民の活動をさ さえたのか, 圧縮された都市をほどく—香港から見る都 市空間と社会の連関（その2）（連載）, 建築討論, 2022.3

コラム 「寸金尺土」な都市

住宅価格・物価高騰

　香港は建設可能な土地面積が人口に比べると圧倒的に不足である。そのため，住宅建築は超高層マンションが基本になっている。

　アメリカの調査会社デモグラフィア（Demographia）が，世界で最も住宅購入にかかる費用が高い都市を発表した。

　http：//demographia.com/dhi.pdf

　この調査によると2021年香港の住宅価格は平均世帯所得の23.2倍。近年のこのランキングも香港が首位になっている，物価に関しても高い方である。

　香港の名物「100万ドルの夜景」の名の通り，この町に生活するには多くの金銭が必要であり。そのため共働き家庭の割合が多い町である。

写真-1　100万ドルの夜景

共働き家庭のあり方

　私は香港で生まれ高校まで生活した。その時の記憶をたどる。両親は朝早く出勤し，夜遅く帰宅する。この風景は香港家族はよくあることだ。子供の世話は祖父母かヘルプさんに任せることが多い。

　ヘルプさん多くはインドネシアやフィリピンの方を雇うことが多い。ヘルプさんは住み込みの形になっている。そのため，ヘルプさんに住めるような部屋の準備が必要である。ヘルプさんは基本は英語か簡単な広東語（香港が主に使う言語）でコミュニケーションを取る。この点に関して一部の家庭は子供がヘルプさんと英語で話すことは英語の練習としての考え方もある。住み働きのためこちらのサービス主な対象は子供だけではなく家族全体にもなる。

写真-2　高齢者と散歩しているヘルプさん

近隣関係

　共働きの親は常に会社や外にいることが多い。隣の家の住人は知っていることはあるか，それ以外の近隣の付き合いは疎いと考える。近隣の知り合いが少ないか，いるとしても子供の関係（子供同士が同じ学校や習うことが同じ等）で知り合うことが多いと思う。

　家にいる時間が高齢者は近隣関係がうまく行っていると感じる。高齢者は近隣と会うことが多い。そのため，近隣付き合いが働く世代よりはかかわりが多いと感じる。

　子供は放課後，夕飯までの時間は遊ぶことが多い。そんな時に近くの公園やその中にあるサッカー場やバスケット場で見知りの人かまったく知らない人とゲームするのもよくあること。子供に限らずこうやって近所の友達たちの作り方もある。

（馬文禮）

3 北京の超高層住宅：経済発展の中の商品化

3.1 激動の中を生き抜く超高層住宅

(1) 激変してきた中国の住宅供給の仕組み

中国の社会や制度の変化は，いつも大きくスピード感がある。改革開放路線による経済発展に伴い，中国の主たる産業は第1次・第2次産業から第3次産業へと急速に移行してきた。その第3次産業の一つが不動産業であり，超高層住宅はその産業の一つのビジネス対象として建設されている。一方，住宅供給の仕組みも上記に先行する形で，単位（勤務先団体）による従業員への建設・分配といういわば社宅制度から，1980〜90年代以降民間デベロッパーによる商品化住宅制度に移行した。

(2) 同心円状に形成された北京の住宅地

メガシティ北京（Beijing）の住宅地は同心円状に形成されている。中心部は行政機能の中枢で住宅は制限され，その周囲に旧公務員住宅や中低層の民間住宅地。その外周部に高層高密度の民間デベロッパーによるオフィスや超高層住宅がある。これに加え近年は郊外への地下鉄の延伸が進み，この沿線上に郊外ニュータウンの開発が進んでいる。

超高層住宅は上記の外周地域に位置し，建物や塀で囲まれた大規模敷地に規格化された住棟が林立する形態が多い。住棟は南面重視のセンターコア型の板状が多く，階数は20〜30階程度である。そのため，高層階にスカイガーデンを持つ事例は少ないが，差別化の手段として挑戦的に計画された事例が出現しており，本章ではこの中の3事例について調査を行った。

(3) 居住者はスカイガーデンに興味あり

詳細は後述するが，住宅需要者は外部空間や緑地に興味があり，この延長線上でスカイガーデンにも興味を持つ。外部空間の利用方法は散歩や知人との会話などの静的な行為が中心で，高齢者が孫の世話をする場としてもよく利用されている。

(4) 示唆に富む寒冷地のスカイガーデン事例

北京の他都市との最大の違いは寒冷地（亜寒帯）であることだ。このことは利用形態として静的な行為が多いこと，屋内型の共用空間が多く見られることなどに現れている。一方，SOHO現代城・商住棟の4〜5階ごとの吹抜けの利用状況は，共用空間のあり方について我々に次のようなヒントを与える。

・4〜5層の空間単位を自然に居住者に認識させる役割あり
・良好な眺望獲得の助けとなる
・スカイガーデンに向け設けられた窓は，住戸への通風・採光，ガーデンへの生活灯りを提供する
・アートの存在は空間に彩を添え，生活行為を誘発する
・SOHO住宅での空間利用ニーズを示す

(5) デベロッパーの思い

住棟内の共用空間は住宅のレンタブル比低下に直結するため，この事業面のハードルを乗り越える強い意思がデベロッパーには不可欠だ。SOHO現代城の企画時の様子を知る建築設計者に話を聞いた。この事例のデベロッパーは，当時住宅を売るという発想が強かった他社との差別化を目的に，幹線道路に面する大きなボリュームを実現するという与条件から，街に沿う公共性の高いオープン

スペースを持つ住宅として新しいことを考えようとした。結果として，市民に公開されたアートのあるスカイガーデンは，ねらい通り大変評判となり成功を収めた。

3.2　北京の超高層住宅の事情

(1)　北京の住宅事情

a.　都市の概要

北京は行政区域内で約2 300万人の人口を抱えるメガシティであり，多くの行政機関，企業，研究所，教育機関が存在する。経済発展に伴い多くの人口が流入し，他のメガシティ同様に過密化，高層化が起きている。

ただ土地利用の様相は地域により異なっており，北京中心部は行政機能の中枢として住宅建設は制限され（**写真 -2.3.1**），その外周部に集合住宅が多く建設されてきた（**写真 -2.3.2**）。また近年は人口集中に対応し公共交通網が郊外に延伸され，大規模なニュータウンの建設（**写真 -2.3.3**）が進んでいる。

b.　住宅供給の仕組み

時代とともに社会の仕組みや主たる産業が大きく変化してきた国であり，近年では農業・工業からITや不動産業へ変化してきた。これに伴い，住宅供給の仕組みも単位（勤務先団体）による従業員への建設・分配といういわば社宅制度から，1980〜90年代以降民間デベロッパーによる商品化住宅制度に移行した[1]。

一方，公共の住宅計画への係わりに着目すると，社宅時代は標準設計による躯体の工業化工法が開発・推進されたが，その後は内装も含めた住宅の質向上を目標に「JICAプロジェクト（小康住宅）」や「百年住居LCシステム」などの取り組みが行われ，具体的実例としても新たな住宅モデル開発（**写真 -2.3.4**）が行われた。近年はこれらの技術的蓄積の上に公的住宅の直接建設が始まった（**写真 -2.3.5**）。なお，近年の建設事例数はまだ少ないが，住棟は避火層が不要な30階未満，共用空間は集会室程度でシンプルな内容である。

(2)　北京の集合住宅団地の特徴

a.　住宅地

一般的に住宅団地は区画が大変大きく，建物や塀で敷地全体が囲まれ，住宅団地の入口では人の出入りをチェックする仕組みがとられている。これらは社宅時代から現在に到るまで変わらない定型となっている。

写真 -2.3.1　都心部の風景

写真 -2.3.2　都市外周部の風景

写真 -2.3.3　郊外ニュータウンの風景

写真 -2.3.4　雅世合金公寓（2010竣工）

写真 -2.3.5　燕保常営家園（2016竣工）

都心立地の住宅には商業施設なども含み，住棟は30階を大きく超える用途複合型開発が見られるが，北京外周部や郊外ニュータウンでは30階未満のものがほとんどで，広大な敷地にゆったりした住環境が形成されている（写真-2.3.6）。また，大規模な住宅地になると複数のブロックに分けて開発が進められるが，各ブロックの中の住棟は高さも含めある程度標準化されている（図-2.3.1）。この形態には建設の生産効率性への意識が強く働いていると考えられる。また，この住棟配置のブロック化された形態は中国の大皿料理を思わせるものがあり，大人数単位で料理をまとめて作る中国の食文化の影響があるかもしれない。

b. 配置計画，共用空間・施設計画

住棟配置は，社宅時代は標準設計の中層住宅の南面平行配置が主体であり，現在も南面並行配置の事例は多い。ただ，近年は外構空間については水辺空間や遊歩道が計画され，ランドスケープにも工夫が凝らされている事例も多く（写真-2.3.7），また屋上緑化の事例も見られる（写真-2.3.8）。このようなオープンスペースで行われる朝夕の談笑や体操，ダンス，楽器演奏，集会室での麻雀や将棋など（はじめに，写真-2.9～2.11）は住宅団地の新旧にかかわらず定番の光景である。た

だ，共用空間や共用施設は販売上の差別化の手段となっているものの，販売後未完成のケースもしばしば見られる。

c. 住棟・住戸計画

住棟については，北京のような中国北部では南面平行配置を基本とした板状の住棟が多いが，高層，超高層では基準階平面はレンタブル比の最大化を実現するセンターコア型（図-2.3.2）で，共用廊下は外気に開放されていない。レンタブル比の分母には廊下・バルコニーも含まれ，これが住宅販売時に表示されることも1つの要因と考えられる。実際，超高層住宅と階段室型の中層住宅が共存する住宅地では，後者のレンタブル比が大きくなるため好まれている。

住戸については，玄関に入ってすぐに居間・食事室が設けられることが普通である。近年では主寝室に風呂・トイレが備え付けられることも増えている。また，水回りまで自然換気が求められることから，基準階平面は比較的凹凸の多い形態になっている。一人っ子政策が緩和・終了した現在でも少子化が進んでいるが，祖父母と同居している世帯も見られ，寝室が3室以上ある住戸や家政婦との同居を前提とした住戸が見られることも特徴である。暖房設備は昔からスチームが標準装備

写真-2.3.6　北京市外周部の事例

写真-2.3.7　紫辰院（2016竣工）

写真-2.3.8　屋上緑化の事例

図-2.3.1　大規模団地の配置計画（2012竣工：中天元設計提供）

図-2.3.2　太陽公元（2012竣工）

されている。駐車場は地下に設けられることが多く，有事の際のシェルターにもなっている。

3.3　調査対象事例：先端的試みの民間住宅

　他都市とは異なり，北京では特定事例での大量の居住者へのアンケート調査を実施できなかった。北京ではこれに代わる方法として，あらかじめコンタクトが取れた16名の居住者への個別インタビュー調査を実施した。ここではその結果を中心に論じる。

(1)　調査対象事例選定の考え方

　改革開放政策の導入以降，北京では民間企業の供給する集合住宅が多く建設され，近年の経済発展に伴い多くの超高層住宅が市内中心部に限らず幅広いエリアで建設されるようになった。このような状況の中で，居住者に対してより接地性の高い住居を提供することと他物件との差別化をはかる目的で，上層階に共用の外部空間を設ける事例も出現している。

　ここではとくに，スカイガーデンを持つ集合住宅に注目して調査を行った。

(2)　調査の方法

　北京の集合住宅に関する情報は，研究者間の交流によりある程度入手は可能であるが，居住者へのインタビュー調査の協力者抽出，および観察調査の実施は容易ではない。本研究では，2014年に先行実施した視察調査[1]で協力を得た研究者の協力やアドバイスを得て実施した。なお，北京は他都市と調査方法が大きく異なるためより丁寧に述べる。

a.　作品事例収集と視察調査

　他都市と同様，複数の不動産情報サイトにおいて，20階以上の高さを持つ住宅を主な用途とする集合住宅の中から，上層階に共用空間を持つ事例を調査候補として選び出した。これらの事例の視察調査を踏まえ，3事例を本調査の対象として選定した（選定事例）。

b.　住宅関係者への訪問ヒアリング調査

　上記に併せて設計者・研究者・民間不動産開発業者・不動産仲買業者・公共住宅の管理事務所などを対象に実施し次のことがわかった。

・消防基準の関係で高さは100m以下に抑えられる傾向が強い。北京では40階以上の住宅はほぼ見られない。
・共用空間は基準に沿い計画されるが，専有面積の比率が下がるため，積極的には計画されない。
・高さ100mを超えると避難階の設置が義務付けられるが設備階に使われることが多く，スカイガーデンとしての利用は少ない。

表-2.3.1　調査対象事例（選定事例）の概要

	SOHO現代城 商住棟	同　住宅棟	当代MOMA	亮馬名居
所在地	朝陽区		東城区	朝陽区
竣工年	2001	2001	2008	2002
棟数	4（低層階で連結）	6（分棟）	12（上層階で連結）	1
階数	40, 22, 22, 33	32	21	25
住宅戸数	住戸（商住両用）	1385	530	410
共用空間	517 空中庭園 （4階おき）	空中庭園 （5階おき）	空中回廊 （講堂，プール，ジム）	17F　屋上庭園, GL 遊び場 1F　図書コーナー，休憩スペース B1F　卓球室，ビリヤード室，ジム等
複合用途	オフィス，店舗，レストラン	小学校，幼稚園，ジム，店舗，レストラン	幼稚園，ホテル，レストラン，店舗，映画館，博物館，シェアオフィス，映画博物館（上層階）ほか	なし
延床面積	22万m²	26万m²	22万m²	8万m²
ヒアリング居住者	2名	2名	1名	2名

c. 居住者調査，共用空間の観察調査

　居住者調査は個別ヒアリング調査によりは4棟の計7名に対して行ったが，比較材料として11階以上の集合住宅に居住したことがある者9名にも居住者とほぼ同様のヒアリング調査を行った。以上，計16名の結果を合わせて紹介する。

（2）本調査対象事例の概要

　主要な諸元は表-2.3.1の通りである。

a. SOHO 現代城（写真-2.3.9，2.3.10）

　三環路と四環路の間にある中心業務地区にほど近く，低層部に商業施設の入る「商住棟」と，共に隣接敷地の主に住宅からなる「住宅棟」で構成されている。スカイガーデンは4〜5階ごとに吹き抜けとともに設けられ，商住棟では住棟南面に，住宅棟では住棟北面に置かれている。また，商住棟のスカイガーデンは完全に外気に開放されているのに対し，住宅棟では，ガラス壁により外気と分離されている（換気は可能）。なお，商住棟では，NPOによりアートが設置され，以前は展覧会なども行われていた。

b. 当代 MOMA（写真-2.3.11）

　二環路にも近い交通の便の良い立地であり，周囲は比較的住宅の多い地域である。低層階には商業施設が入居している。住棟間を結ぶ空中回廊がありその中にプールや集会室，外部にも開放された博物館など，いずれも屋内型の施設がある。また，高層棟がセットバックした屋上部分にスカイガーデンが設けられている。

c. 亮馬名居（写真-2.3.12）

　三環路と四環路の間に位置し，至近には規模の大きなショッピングモールがあるが，基本的には

写真-2.3.9　SOHO 現代城商住棟 外観・スカイガーデン　　写真-2.3.10　SOHO 現代城住宅棟 外観・スカイガーデン

写真-2.3.11　当代 MOMA 外観・ジム・博物館

写真-2.3.12　亮馬名居 外観・スカイガーデン・1F 屋内庭園

住宅を中心とした地域にある。高層部のセットバックを利用してスカイガーデンを設けている。また，1F屋内庭園のほか地階に共用空間を持っている。

3.4　居住者の意識と空間利用

(1) 住宅選択理由

現在の住宅を選んだ理由として，最も多く挙げられたものは外部空間や植栽の充実についてであった（**図 -2.3.3**）。この結果からはスカイガーデンを積極的に利用しているとも推定できるが，後で見るように，実際の利用はそれほど多くは見られない。次いで挙げられた理由としては，通勤や買い物，娯楽などについての生活利便性が続き，住宅面積や間取り，知人との近さなども多く挙げられた。

(2) 共用空間の利用

地面階に設けられた場所も含め，共用空間の利用の結果も含め分析する。

a. 利用目的

散歩やベンチ利用，知人との会話などやや静的な行為が多く見られた（**図 -2.3.4**）。運動するという回答もあるが，ジョギングやエクササイズなどの動的な活動がどの程度含まれているかは未確認である。また，幼児の遊び場としてもよく利用されている。

ヒアリング調査の中では，高齢者は日中孫の世話をしていることが多いことや，住戸外に出る時は散歩程度といった回答が得られたこととも符号している。

b. 評価

利用目的と似ており，居住者の交流，高齢者のくつろぎ，幼児の遊びなどの場所として相応しいという評価が多く見られた（**図 -2.3.5**）。住戸選択理由と同様に植栽による景観も評価されている。また防災拠点としての重要性もかなりの割合にのぼっている。雨天時に利用できないことについて不満を持つ者もある程度存在した。

一方，セキュリティや騒音についての不安は見られず，面積についての不満もほとんど挙げられなかった。

(3) スカイガーデンの利用意向

共用空間のうち，とくにスカイガーデンに絞った質問をした。なお，スカイガーデンを持たない

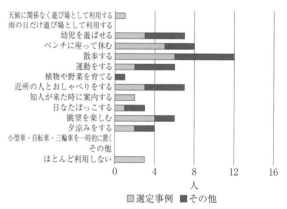

図 -2.3.4　共用空間の利用目的 （*N* = 16：MA）

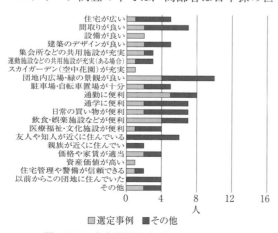

図 -2.3.3　住宅選択理由 （*N* = 16：MA）

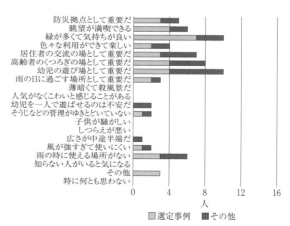

図 -2.3.5　共用空間への評価 （*N* = 16：MA）

集合住宅の居住者については，スカイガーデンについて説明し，イメージ写真を数点提示してヒアリング調査を行った。

a．利用に対する関心（図 -2.3.6）

　スカイガーデンのある集合住宅に住む居住者もそれ以外に住む居住者も「興味がある」と「やや興味がある」を加えると 70 ％以上がスカイガーデンの利用に興味を持っている。スカイガーデンのない集合住宅居住者では 80 ％近く高い関心がうかがえるが，スカイガーデンのある集合住宅では「興味がある」は半数以下であり，実際に認知している居住者はさほど関心を引いていない可能性がある。実際スカイガーデンのある集合住宅居住者 7 名のうち，「よく利用する」と答えた居住者は 2 名にどどまり，実際の利用頻度は低かった。

b．評価（図 -2.3.7）

　共用空間一般への評価と同様の傾向が見られる。異なる点としては，防災拠点としての評価がより低く，眺望への評価がより高くなっている。雨天時に利用できることへの評価も若干高くなっている。

　防災時には地上により早く避難したいという意識があるであろうことや，スカイガーデンの物理的な特性がこのような評価に繋がっていると考えられる。

3.5　スカイガーデンの利用と課題

(1)　スカイガーデンの利用実態（図 -2.3.8）

　行動観察調査のうち，SOHO 現代城で得られた結果について分析する。平日（金曜）と週末（土曜）の各 1 日 12 時ごろ行動観察調査の結果を，すべての階を重ね合わせて表したものであるが，平日と週末で行動の行われる場所でも行動の内容でも大きな違いを見ることができた。

　事務所利用の多い SOHO 現代城・商住棟では，平日は外壁に近い場所での喫煙やより住棟内部に近い場所でのスマートホン利用，電話がほとんどであった（**写真 -2.3.13**）。喫煙が外壁よりで行われるのは，換気の問題があるともに，喫煙中の手持ちぶさたな時間を外部を眺めることで潰す意図もあると推測できる。昼時になると弁当を販売するカートが現れる場面も見ることができた。

　週末では，家族による会話が外壁に近い場所で行われ，展示されているアートを鑑賞する人も見られた。住棟内部に近い場所での行動は少なく，

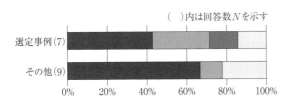

（　）内は回答数 N を示す

図 -2.3.6　スカイガーデンへの興味（MA）

■興味がある　やや興味がある　■あまり興味はない　□興味はない

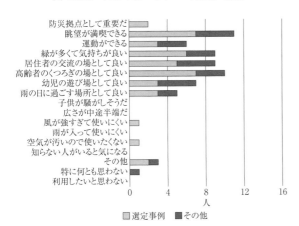

図 -2.3.7　スカイガーデンへの評価（MA）

喫煙やスマホを使う
（商住棟：平日）

家族で談笑する
（商住棟：土曜）

昼食販売に集まる
（商住棟：平日）

喫煙
（住宅棟：平日）

写真 -2.3.13　SOHO 現代城・商住棟および住宅棟でのスカイガーデン利用の様子

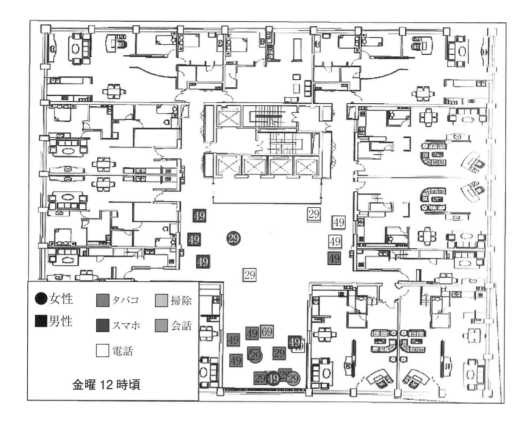

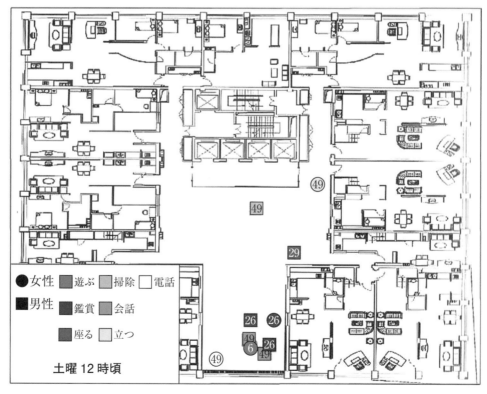

図-2.3.8　SOHO現代城・商住棟スカイガーデン利用実態（8フロア分の重ね合わせ）[1]

掃除や住戸前での子どもの遊びなどに限られた。家族での会話は，陽当たりも良く，眺望が得られる外壁よりの場所を選択しているためではないかと考えられる。

このように，SOHO 現代城では平日はオフィスワーカーの息抜きの場，週末は居住している家族のくつろぎの場として使い方が変化している。

同じ SOHO 現代城でも住宅棟のスカイガーデンの利用は，商住棟に比べてかなり少なく，北面しておりあまり明るくないことや風が通らないことからそれほど快適な利用が見込めないためではないかと推測される。ただし，冬季では寒さを防ぐことにも繋がるので，季節による変動を確認する必要がある。

商住棟，住宅棟いずれでもあまり動的ではない行動がほぼすべての行動を占めていることは，戸外共用空間一般の利用目的についてヒアリングで得られた結果と，運動が比較的よく行われていることを除けば，一致している。

(2) スカイガーデンの課題とヒント

a. 課　題

北京の超高層住宅におけるスカイガーデンは，地上にある共用空間に劣らず興味を持たれているが，実際の利用は多くは確認できず，利用方法も比較的静的な内容に限られていた。地上階まで降りて行かなくても身近に利用できる戸外の共用空間があることの魅力はあるが，利用を阻んでいる利用ルールなども要因としてあると推察される。今回の調査では，それら要因の特定にまでは至らなかったが，調査結果と地域性を総合的に考える

と，以下のような課題が指摘できる。

1. 限られた面積

通常の住戸バルコニーよりははるかに大きな面積であるが，ジョギングなどの活発な活動には不向きであり，静的な行動に限定されてしまう。

2. 冬季の寒さ

北京の冬は戸外活動に相応しい気温とはいえない。スカイガーデンが高層階に位置する場合は吹く風も強くなり，体感温度もかなり寒いと推測される。なお，SOHO 現代城・商住棟のような南面した空間は大変居心地がよく，亮馬名居の 1F 屋内庭園のようなアイデアも寒冷地での有効なアイデアである。

3. 大気汚染

北京では PM2.5 などによる大気汚染が激しく，とくに秋から春先にかけては汚染が一層ひどくなり，戸外で時間を過ごすことをためらわせるレベルである。

b. 得られたヒント

SOHO 現代城・商住棟を中心に，得られたスカイガーデンのあり方に対するヒントを述べる。

1. 自宅近くの空間

広さが限られ利用者が多くなりすぎない空間は高齢者にとっては落ち着く空間になるし，まだまだ保護の必要な幼児にとっては安心して遊ばせておくことのできる場となる。少子高齢社会における有益な設計手法の一つであろう。

2. 住戸に囲まれた吹抜け空間

4〜5 階ごとの吹抜けは各階のエレベータホールや廊下から見下ろす形となっており，5 層という空間単位を自然に認識できる形である。

写真 -2.3.14　SOHO 現代城・商住棟のスカイガーデンのアート

3. 眺望の良さ

　高層階にあることから眺めの良さを楽しむことのできる戸外空間となっている。また，上記の吹抜けは，それぞれの階からの良好な眺望獲得の助けとなっている。

4. 住戸の環境性能の向上

　密度高く計画される高層住宅では，住戸の開口部が少なくなりがちである。スカイガーデンに窓の設置は，住戸への通風・採光を向上させ，かつスカイガーデンに生活の灯りを提供できる。

5. アートの存在

　スカイガーデンごとに異なったアートが置かれており（**写真-2.3.14**），これらは各空間に彩を添えることに成功していた。また，現地ではそれらを椅子や喫煙道具として利用するなど，生活行為を誘発する手段として機能していた。

6. SOHO利用である住棟での空間利用の方法

　スカイガーデンはオフィスワーカーにとっての仕事の合間の息抜きの場，および移動販売カートの売り場。家族にとっては家族団らんの場として利用されていた。利用者ごとの利用ニーズを垣間見ることができた。

補注

[1] 記号の内側の数値は下記のように目視で推定した利用者の年齢を示す。
　　6：6歳以下，12：7〜12歳
　　19：13〜19歳，29：20〜29歳
　　49：30〜49歳，69：50〜61歳
　　70：70歳以上

参考文献

1) 高井宏之・桐谷万奈人：北京市における1990年代以降の住宅供給・計画の特性と変遷に関する研究，都市住宅学，No.91，pp.155-162，2015

コラム　大都市に来た高齢者世帯

「老漂族」の高齢者達

　中国経済の高騰で若い者が地方から北京のような大都市圏にやって来た。北京を漂流する者たちが「北漂族」と呼ばれたが，今度「北漂族」の子供の世話をするために，高齢者のお親が地方から上京し，「老漂族」になった。中国政府の2016年統計したデータから見ると，半年以上戸籍を登録した地方に住まない60才以上（60才含む）の人数が1800万であり，現在，数値がますます増えているでしょう（データ出典：中華人民共和国中央政府　http：//www.gov.cn/xinwen/2016-12/01/content_5141275.htm）。

「老漂族」の日課と心境

　北京に住んだ経験のある周りへのインタビューからは，「老漂族」の日課が見られる。忙しい朝から始まり，高齢者夫婦が朝ご飯を作って家族全員にご飯を食べさせ，孫を学校まで送る。公園に散歩したり買い物したり，家に戻って昼ごはんの準備や植物のお世話などをする。孫がまた小さい場合，外に散歩してお昼前に家に戻ってくる。午後4時頃，高齢者夫婦が学校前に孫を迎えに行く。午後には北京の小学校の前，それは大勢の高齢者が集まる独特な風景である（写真-1 高齢者の住環境を研究する私にとって，この現象に対応して，小学校の入り口は高齢者に配慮する環境やインフラを整備すべきではないかといつも思っている）。また，高齢者夫婦が家に戻れば，晩御飯の準備や家事をしていく。子供夫婦が家に戻って来てから，高齢者夫婦がなるべく外に散歩することにして，子供夫婦の家族時間を作ってあげる。

　「すべては子供と孫のために」という考え方を持つ高齢者夫婦が少なくない。子供家族と一緒に暮らすと生活が面白い，北京が地元より便利だ，家族全員揃えて安心感があるなどのポジティブな考えを持つ高齢者が少なくない。一方，北京の家が狭くて住み居心地がよくない，友達が少なくてコミュニケーションを取らないなど不満を持つ高齢者もいる。ただ，どのような心境になっても，子供夫婦を支えて，育児を協力してあげるという気持ちが変わらないでしょう。

写真-1　小学校前に孫を待つ高齢者たち

「養老」か「啃老（齧老）」か

　中国には在宅・社区・施設の養老融合に関する政策が続々と打ち出される。二世代同居すると，高齢者が在宅「養老」のようになって，老後生活を安らかに送ってくると思う若者がたくさんいる。しかし，それは新たな「啃老（かじるという意味であり，親の力を頼りに暮らす人達）」ではないかと思われる。一体，高齢者達が住み慣れた地方から北京に参り，幸せな「養老」か，また苦しく齧られるか。子供世帯の考え次第だ。自力で子供の面倒を見る責任を持って，年老いた両親に依存しないよう気を配る必要があり，どうしても他に方法が無く，両親に来てもらい，孫を世話してもらう場合は，高齢者の感情の動きや気持ちに気を配る必要がある。

（王暁朦）

4 台湾の超高層住宅：社会住宅の新たな展開

4.1　超高齢社会の高層居住の未来

(1)　格差が見えかくれする国際都市・台北

　亜熱帯にある台湾（Taiwan）の首都である台北（Taipei）は，他のアジア諸都市と同様に人口が集中するなか，都市は急速に発展し，民間の超高層住宅は価格が高騰してきた。

　一方，2010年代後半の台北では，少子高齢化が急速に進行するなか，社会住宅の建設が推進され，高層化した集合住宅が多くつくられつつある。人口が集中し格差が広がる都市部において，これまで住み続けてきた職住近接の都市居住者である一般市民の生活が奪われないようにする公共の役割が高まっているといえる。

(2)　近い将来の超高齢社会に備える試み

　近年建設されている台北市による社会住宅は，高齢者や移民をはじめ，若年層も含むさまざまな弱者を受け入れている。しかしながら，現代的な高層住宅であるため，かつて普通にあったまち場のオープンな市民生活や居住者間の交流を阻害しかねない。その上，日本を超えるスピードで高齢化が進行している台湾において，大きな課題にはまだ直面していないものの，その備えともいえる庶民の生活の場を受け入れる，生活感を失わないいくつかの工夫が試みられている。

(3)　中間階や屋上が有効に機能するための方策

　台北の超高層の社会住宅2事例（後述）は，中間階や屋上の活用に挑戦し，一定の居住者の利用や好評価を得ていた。中間階や屋上に，何か人を惹きつけ，滞在を誘発するデザインや仕掛け（用途や設え）が居住者の外出を促し，孤立化を緩和するために有効であることを示唆している。

　また同時に，利用者の年齢層が拡がるように，機能の複合化や想定外の利用を許容する空間，さらにルールの設定が重要であると考えられる。例えば，屋上や中間階に設置した「菜園」の設えや，コミュニティ活動を促進する若手の起業家を優先的に入居させる取組み（青年活動）は，単に閉鎖的な住戸の外に出ることを居住者に促すだけでなく，世代や属性の違いを越えた居住者同士の交流を生み出していた。

　とくに「青年活動」の取組みでは，若い運営者のかかわりが利用者と管理者をつなぐ重要なきっかけとなっていた。さらには，同時期の類似事例である「ナンキバンハン（南機拌飯）」のように，住棟単体やその集合体である団地を越えて，周辺エリアに拡張した交流の場を提供する展開も想定される。これは，閉鎖的な高層住宅に生じがちな高齢者をはじめとした弱者の孤立を回避するためにも，住棟内外の一般市民が参加する前向きな取組みといえる。

(4)　都市居住に生活感を取戻す実験的試み

　これらは，高層居住により失われてしまいがちな「生活感」を，高層住宅のハードとともにソフトを組込む，これからの時代の試みである。前例のない試みであっても積極的な挑戦なくしては進展は困難であり，挑戦すれば，アイデア次第でデメリットの解消や時代を先取りする実践にもつながりうる。今回扱った2事例はいずれもこうした実験的な取組みであった。失敗のリスクを超えて挑戦する姿勢は，大いに参考になろう。

　今後，台北市では，さらに社会住宅がつくられていく。日本以上の高齢者の増加が想定される台湾の近い将来に向けて，さらなる未来への備えの進化を期待したい。そして同時に，孤立化が懸念

される日本の高層居住に示唆するところが少なくないといえよう。

4.2 台北の都市・生活環境・住宅事情/超高層の事情

(1) 近代的な国際都市と庶民の生活の混在

アジア屈指の世界的な都市である台北市は、人口2600万人の台湾の首都であり、総人口の約1/3の人口が集中する台北大都市圏（台北市，台北県，基隆市）の中枢である（写真-2.4.1）。台湾の企業が製造する半導体の話題が象徴するように、その首都は近年の経済発展と人口集中により、道路や大規模建築などの都市開発・都市整備が急速に進んでいる。

一方、沖縄の宮古島と同じくらいの緯度の亜熱

写真-2.4.1　都市の風景

写真-2.4.2　市場の風景

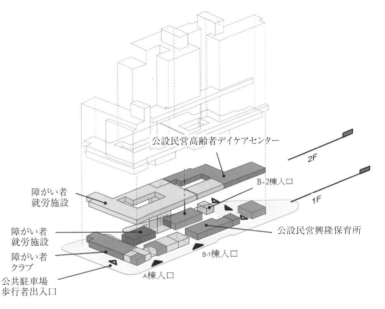
図-2.4.1　興隆D2公宅の用途構成[1]

写真-2.4.3　大安国宅（1984竣工）

写真-2.4.4　興隆D2公宅（2018竣工）[2]

写真-2.4.5　エネルギー消費量表示盤

写真-2.4.6　忠泰味（2013竣工）

写真-2.4.7　和平大苑（2014竣工）

写真-2.4.8　鉄骨造の屋上増築

帯気候にあり，にぎやかな活気に満ちた都市でもある。市民は外食の頻度が高く，屋台で食事する人を多く見かけ，夜市に代表されるように屋外においてオープンな，市民の生活があちらこちらに展開されている。例えば，台北中心部で行われている有名な朝市では，屋台に野菜や果物，肉，魚が並べられたり吊るされたりして売られ賑わっているが，そのすぐ近くには，再開発により新築された超高級な超高層の集合住宅がそびえる。そんな混在がみられる街並みに，フレンドリーで親日的な人がらがあいまって，我々日本人の心を惹きつける。多くの観光客が訪れる人気の観光地でもある（**写真 -2.4.2**）。

（2）　都市構造の変化

これまで台北市は職住近接型のライフスタイルが一般的であり，都市のどの場所でも徒歩圏内に生活利便機能が一式揃う，複合・雑多な中高層建築主体の都市構造となっていた。また，バイクが都市内の主要な交通手段となっており，建物1階の道沿いに連続し設けられたアーケードまわりがバイク置き場になっている。

一方，1997年以降 MRT が開通し，台北市内の地価や住宅価格の高騰を背景に，生活圏域は台北大都市圏に拡大し，台北市から新北市へと人口の流出が進行してきた。

（3）　ハイスピードな高齢化と住まいをとりまく環境

2018年に高齢化率が14%を超え高齢社会に突入した台湾は，日本や欧米以上のスピードの高齢化が進行している。住宅においては，まだ高齢化の具体的な問題はとりざたされていないものの，近年の都市部では，かつて多かった三世代同居から，隣居や近居にシフトし，親族以外は隣の人が誰かさえ知らないという状況が起きつつある。

（4）　住宅供給：民間住宅と社会住宅

以前より，住宅供給は民間デベロッパーに全面的に委ねられてきたが，近年の不動産価格の高騰に対して「住む権利」を求める声が高まった。また，エレベーターのない4〜5階建ての集合住宅が多く，高齢者のアクセスが問題になりつつあり，その対応としてバリアフリーの高層住宅への建替えを進めるべく，住宅政策においては，持家政策から社会住宅の整備へ急速にシフトしている。

社会住宅は，一時期モデル的に国による国民住宅（**写真 -2.4.3**）として建設されたが，近年は台北市が主導し地元の建築設計事務所対象のコンペによる当選案が続々と実現されている（**写真 -2.4.4**）。これらに共通する特徴として，福祉系施設との複合化，多様な居住者層の計画的混住，特徴ある共用空間を持つこと，および省エネルギー等の先端技術の採用が挙げられ（**写真 -2.4.5**），地域の福祉拠点および台湾のモデル事業としての役割を担っている。住宅供給戸数の10%を目標とし，社会住宅は基本的に若い人たちのための住宅としても位置付けられ，さらに一部では法律に基づき，一定割合の高齢者や社会的弱者向け住戸が供給されている。入居者枠には低所得者／台湾の先住民族／身体障害者／一般住民／青年活動などのカテゴリーがあり，入居者の枠（類型）ごとに寝室数に基づく住戸プランと入居世帯数が割当てられ，入居者募集が行われ，「混住」が図られている。

民間住宅は，シンガポールの民間住宅の特徴と同様な特性を持つが，共用空間が差別化の手段として定着している。また台北の分譲住宅は，高額所得者向けの投資対象の色彩が強く，地主が開発業者と等価交換して住戸を所有している場合が多く，実際に住んでいる居住者をあまり見かけない生活感が乏しい事例もめずらしくない。（**写真 -2.4.6〜2.4.7**）

（5）　住宅計画

住宅計画は p.47 にも一部記載の通り，共通して次の特徴を持つ。

- 水まわりまで自然換気が求められ，基準階平面は凹凸の多い形態になっている（アジア4都市共通）
- 原設計にあったバルコニーが住戸単位に内部

空間化され，各居住者の表出の要素となっている

・鉄骨造の屋上増築が行われる（**写真 -2.4.8**）

住棟は 30 階未満のものが多く中間階にスカイガーデンを持つ事例はないが，近年では屋上が共用空間や緑地として計画されている事例が見られる。基準階平面は中廊下型やセンターコア型がほとんどで，共用廊下は外気に開放されていない。

(6) 高層住宅の建築・共用空間

台湾では建物高さ 50 m 以上，16 階以上が「高層住宅」と定義され，36 階以上は避難階の設置が義務付けられる。また，「緑建築」というヒートアイランド対策の法令があり，緑化率に応じた容積率のボーナスがあるため，取り入れている開発業者が多い。なお，都市再開発の際などには義務付けられる。

また，共用空間の面積比率に基準があり，20 階以上の住宅は 32% である。これにはバルコニーは対象外だが，集会室，プール，スパなどが含まれる。共用空間は住戸販売の際の魅力としてアピールされることが多いものの，コストや管理に課題があり最小限であり，スカイガーデンは地震が多いため超高層住宅の中間層にも設けられない。

4.3　調査対象事例：福祉拠点としての社会住宅

(1) 調査対象事例の選定プロセス

2019 年に実施した調査では，地上 20 階建前後からそれ以上の超高層住宅の事例について，分譲・賃貸を問わず不動産情報サイトより抽出し，各事例の詳細な資料を収集した。そして，そこから共用空間や施設計画の面において示唆に富む事例として，社会住宅 6 事例，民間住宅 7 事例を抽出した。さらに，それらについて専門家・関係者へのヒアリングを実施し，共用空間を多く確保している社会住宅の 2 事例を選定し，視察調査の対象とした（**表 -2.4.1**）。

表 -2.4.1　調査事例の概要

	興隆 D2 公宅	健康公宅
所在地	Wenshan District, Taipei City, 台湾 116	No. 285號, Jiankang Road, Songshan District, Taipei City, 台湾 105
開発者	戴嘉惠建築師事務所	九典聯合建築師事務所
管理者	台北市	台北市
竣工年	2018年	2017年
棟数	1棟	4棟
階　数	22階	A 1 棟：14階 A 2 棟：14階 B　棟：16階 C 2 棟：15階
住宅戸数	510戸	507戸
延床面積	57 216 m²	50 316 m²
住戸プラン	1LDK/2LDK/3LDK	
共用空間	ランニングコース 集会室・菜園	公園・空中庭園・菜園
入居者の募集枠	従前居住者（安康住宅）／戸籍はこのエリア／台湾の先住住民／台北市で創業する若者の補助対策／台北市で進学（就職）／台北市民	

(2) 住棟の特徴

対象とした社会住宅「興隆 D2 公宅」（以下「D2」と略す）と「健康公宅」（以下「健康」と略す）の 2 事例は，それぞれ 2017〜18 年に竣工し，住戸数 500 戸あまりと大規模である。両者とも，ハード面の工夫として，低層階に福祉施設や高齢者施設，中間階・高層階には運動施設や農園などの共用空間を分散して配置する設計となっている。

興隆 D2 公宅（**写真 -2.4.9**）は台北中心部より地下鉄とタクシーを利用し 30 分ほどの立地に

写真 -2.4.9　興隆 D2 公宅（D2）の外観

写真 -2.4.10　健康公宅（健康）の外観

あり，22 階建，共用空間にランニングコース，
集会室，菜園を設けている。健康公宅（**写真 -2.4
.10**）は台北中心部の地下鉄沿線にあり，地上 4
階より上部が 14 階から 16 階までの 4 つの棟に分
割され，共用空間に空中庭園や菜園を設け，地上
には公園を併設している。

4.4　居住者特性と住環境の評価

（1）居住者特性

　居住者の年齢（**図 -2.4.2**），職業（**図 -2.4.3**）は
社会住宅の募集方法のもと，幅広い偏りのない構
成となっている。家族構成（**図 -2.4.4**）も多様で
あり，単身者は若年および高齢の両者が含まれる。
2 事例とも応募倍率は約 20 倍であった。

　住宅選択理由（**図 -2.4.5**）は，2 事例とも社会
住宅ゆえの「17．価格や家賃が適当」が最も多い。
健康公宅では「10．通勤に便利」「12．日常の買
い物が便利」が次に多く，地下鉄徒歩圏や 1 階に
コンビニがあることが評価されている。居住階選
択理由（**図 -2.4.6**）では，居住階との関係において，
2 事例とも高層階居住者は日当たり / 風通し / 眺
望を志向し，低層階居住者は外出までの時間が短
い，地面に近い安心感を求めている。このような
志向は年齢層と特別な関連は見られなかった。

（2）住環境の評価

　共用空間の評価のうち，満足度（**図 -2.4.7**）は

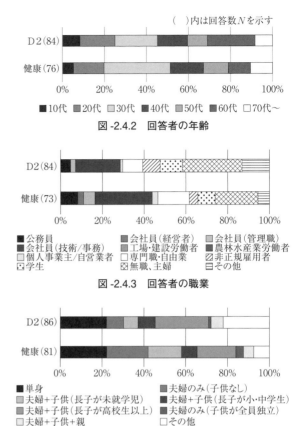

（　）内は回答数 N を示す

図 -2.4.2　回答者の年齢

図 -2.4.3　回答者の職業

図 -2.4.4　回答者の家族構成

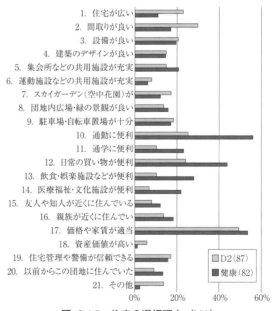

図 -2.4.5　住宅の選択理由（MA）

大変高く，もっと利用されるための改善点（**図
-2.4.8**）には特段に高い項目はない。入居後間も
ない状況であったが，居住者層が混在し，共用空
間計画，低層階への福祉施設や店舗の設置，コ

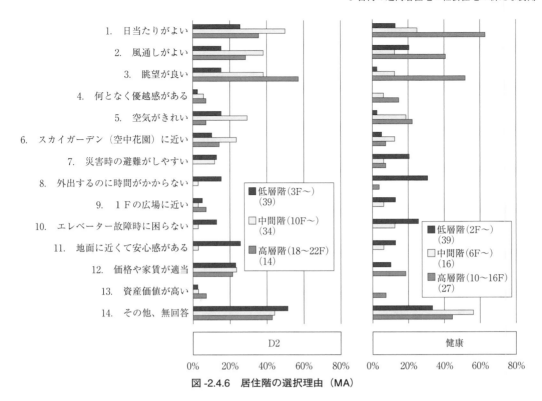

図 -2.4.6　居住階の選択理由（MA）

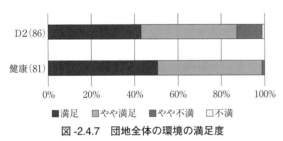

図 -2.4.7　団地全体の環境の満足度

4.5　共用空間の利用と評価

(1)　共用空間の利用実態

　観察調査は 2 日間にわたり，1 時間おきに巡回し利用実態を記録した。天候は両日・両事例ともおおむね晴れであった。観察対象は，興隆 D2 公宅は①1 階共用空間（住棟足元の外部空間で動線沿いにベンチ）/②3 階庭園（植栽とベンチ）（**写真 -2.4.11**）/③12 階ランニングコース（外周に植栽・ベンチ）（**写真 -2.4.12**）・菜園/④屋上菜園（**写真 -2.4.13**）。なお，③には集会室と福祉サービス施設があるが観察対象としていない。健康公宅は①1 階ピロティ（植栽・ベンチ）（**写真 -2.4.14**）・児童遊技場（ベンチ）（**写真 -2.4.15**）/②5 階菜園（基壇部屋上，ベンチ）/③屋上菜園（高層棟屋上，ベンチ）（**写真 -2.4.16**）である。

　住棟内の時間帯と空間別の利用者数の分布（**図 -2.4.9**）は，2 事例ともに，休日・平日とも「1・2 階共用空間」の利用者が多い。

　居住者の利用方法（**図 -2.4.10**）は，アンケートの結果によると，興隆 D2 公宅では，1〜2 階は

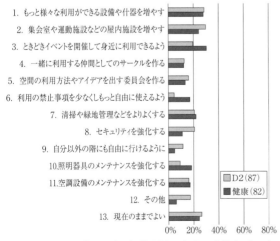

図 -2.4.8　共用空間がもっと利用されるための改善点（MA）

ミュニティづくりの仕掛けなどの特徴が，居住者に評価されていると考えられる。

写真 -2.4.11　3F 庭園（D2）

写真 -2.4.12　12Fデッキ/ランニングコース (D2)

写真 -2.4.13　屋上菜園（D2）

写真 -2.4.14　1F ピロティ（健康）

写真 -2.4.15　1F ピロティ（健康）

写真 -2.4.16　屋上菜園（健康）

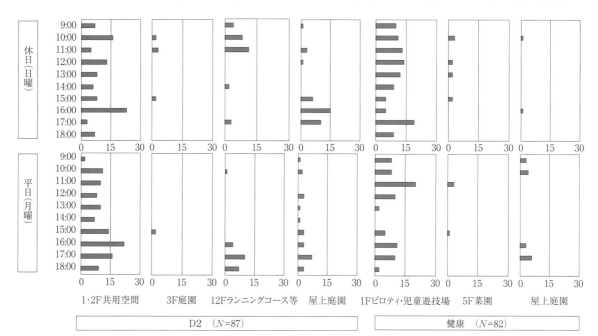
図 -2.4.9　時間帯・空間別利用者数（年齢別内訳）

交流（おしゃべり）や散歩，ベンチの休憩に利用され，中間階はランニングコースや庭園があることから，散歩や運動，知人の案内，幼児を遊ばせる，交流（おしゃべり），などが1〜2階より多くなっている。屋上は中間階より利用者は少ないが，菜園の利用や眺望を楽しむ利用がされている。健康公宅では，1階は公園が隣接しており，雨のあたらないピロティが広いこともあり，幼児を遊ば

せる，雨の日の遊び場，ベンチの休憩，交流（おしゃべり），散歩が多い。中間階に菜園やベンチがあり菜園や散歩に利用され，屋上にも菜園があり，菜園のほか，眺望を楽しむ利用も多い。

　空間別の利用頻度に関するアンケートの結果（図 -2.4.11）によると，興隆 D2 公宅の「1・2階共用空間」「12階ランニングコース，菜園等」，健康公宅の「1階ピロティ，児童遊技場」「1階公共

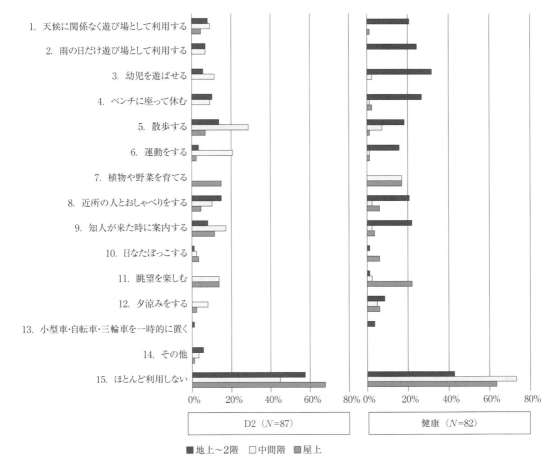

図 -2.4.10　居住者の利用方法（アンケート調査：複数回答）

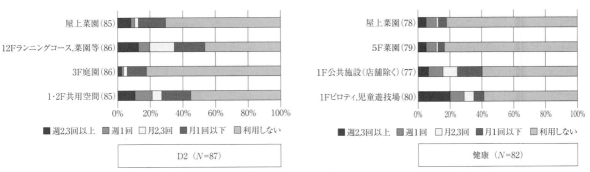

図 -2.4.11　健康公宅の外観各共用空間の利用頻度（アンケート調査）

施設（店舗除く）」に大差ない。これは，1 階は建物の出入り口であり，日常の主動線に接する滞留空間でもあるため比較的利用率が高いことが理由といえる。半数程度の居住者がこれらの 1・2 階の空間を利用していた。1 階の集会室等において，居住者による催しが頻繁に開催されており，このような取組みの影響もあるだろう。

これに対し，中間階や屋上の利用率は多くても 5 割強であり，利用率が 2 割を切る箇所もあり，

菜園の利用率は必ずしも高くない。例えば，菜園や庭園のような単一の機能の場合に高齢の利用者が多いのに対し，興隆 D2 公宅の 12 階は利用率が最も高い。これは，興隆 D2 公宅の 12 階が菜園以外の対象年齢の異なる施設が複合しており，目的型の「遊び」が多く，利用者の年齢層が広いという結果をもたらしている。

実際，利用者の内訳を，年齢（図 -2.4.9）と行為の両面から検討すると，興隆 D2 公宅「1・2 階

共用空間」と健康公宅「1階ピロティ，児童遊技場」は滞在型の「会話」が多いが，利用者の年齢が曜日・時間帯で異なる。興隆 D2 公宅「12 階ランニングコース，菜園等」は目的型の「遊び」が主だが，休日午前と平日夕方では年齢が異なる。興隆 D2 公宅「屋上菜園」は滞在と目的の2つの型を併せ持つ「ガーデニング」とともに「会話」の場としても機能している。

　興隆 D2 公宅の利用頻度を年齢別に見ると，3つの空間における利用の主役は，30 代・40 代とリタイア層の 60 代であるが，「12 階ランニングコース，菜園等」はそれ以外の利用者が加わり，「屋上菜園」はリタイア層の 60 代が多く利用する。これらは，設定された用途に興味を示す年齢との関係が大きいと考えられる。

（2）　共用空間の評価

　各共用空間に対して居住者が感じることについては，アンケートの結果（図-2.4.12）によると，興隆 D2 公宅では「眺望」「運動」「緑」を楽しむ空間としての評価が高い。しかし，実際の屋上はガーデニングには適しているが，壁の立上りが眺望を阻害しており，滞在できるベンチもない。これに対し，健康公宅では地上階のピロティと児童遊技場周辺からの見通しもよく，ベンチもあり，評価が高く，実際に賑わっている。

（3）　生活感を失わない工夫

　建替えによる高層化により住戸が閉鎖的になり従前住民の交流が少なくなったことに対して，ソフト面の工夫により，多様な住民の交流を促す対策を講じている。

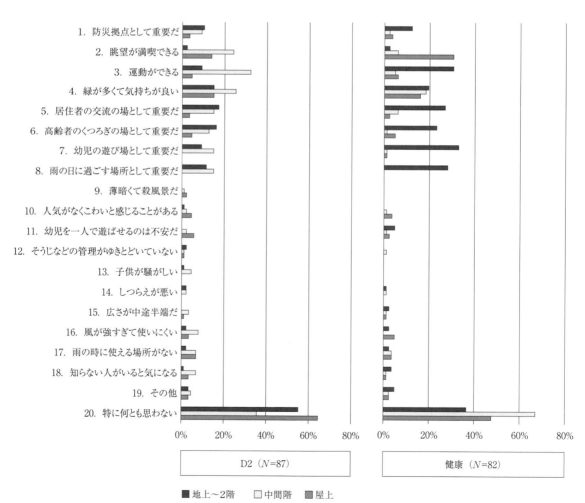

図-2.4.12 各共用空間に対し感じること（アンケート調査：MA）/ 抜粋

なかでも菜園づくりは，優れた取り組みの人への表彰や食事会などを通して交流の機会を持つことなど，コミュニティづくりの手法として奨励している。この屋上菜園は，興隆 D1 公宅（2015年／台湾における社会住宅の屋上利用の第一号）において，住民の要望により実現した試みが成功したことを受け，採用された。

青年活動（青年創新回饋計畫）は，若手の起業家を優先的に入居させる仕組みである。通常では入居が難しい若年層であっても，条件付きながら一定数が入居し混在を実現するためのアイデアである。2017 年に当時の台北市長が主導した「台北市青年事務委員会」の提案によって生まれ，民間企業にディレクターを依頼し，推進した。

入居希望者が応募時に，団地の交流を促進するコミュニティ活動の計画書を提出し，それにより入居者が選定され，その入居者が，入居後その活動を行う。交流の促進につながる活動として台北市の都市発展局が協力している。活動内容は，高齢者，親子関連，音楽，カフェなどさまざまであり，青少年の団体以外に園芸，芸術などのグループもある。2017 年 10 月の応募開始から 4 年経過した 2021 年 5 月までに，健康，D2 を含む 6 団地にておいて実施され，青年住戸約 170 戸が 1 445 回活動し，延べ 2 万 3 000 人以上が利用した[3]。

なお，この青年活動の開始よりわずか半年前に，類似した事例が同じ台北にあった。台北市のサポートにより任意団体が実施した南機場第二期団地（1968 年建設の国営分譲の 5 階建集合住宅団地）における団地内外の住民の交流促進を図った「ナンキバンハン（南機拌飯）」（2016 年～）の活動文献[4]である。直接の影響関係は確認できなかったが，関係者が知り合いであるとの情報もあり，間接的な影響があった可能性もある。

参考文献

1） 臺北市政府安心樂租網　首頁／文山區興隆D2社會住宅，2023.9.1 閲覧
　　https://www.rent.gov.taipei/Rental/Site/Xinglong/1
2） 地産天下最新新聞　興隆2區公宅，2023.9.1 閲覧
　　https://estate.ltn.com.tw/article/5797
3） 青年事務委員會－青年成家組－：10%的力量－青年創新回饋計畫，2023.1.15閲覧
　　https：//tyac.gov.taipei/News
4） 頼俊仰，佐々木：老朽化した集合住宅団地における遊休空間の活用による地域活動の促進　台湾・南機場第二期団地のコミュニティ組織「ナンキバンハン（南機拌飯）」を対象として，日本建築学会計画系論文集777，pp.2339-2349，2020.11

コラム　台湾の集合住宅における住宅一階の室外空間の変化

　台湾初期の民間分譲式高層集合住宅のデザインの特徴は，建物の建築範囲を敷地境界線一杯に建設する。建物は，1階，2階などの低層空間は道路に近い。建設会社はそれらの空間の商業価値が高いため，基本的にこれらの低層空間を店舗スペースとして計画することが多い。そして，台湾の気候の特徴は年間を通して雨が多いため，集合住宅の一階の店舗にアーケードのようなスペースを設置することもよく見られている。

　このような集合住宅のデザインにより，夜の住宅団地と道路沿いに明るくて賑やかな雰囲気が生じていて，住民に対して生活の便利性も高いと考えられる。しかし，集合住宅の住民は，店舗種類のコントロールができないため，飲食店により生じた環境衛生の問題が居住者の生活の質を影響することも多く見られる。例えば，近年，団地の老朽化のため，建替計画が始まった台北市萬華区と中正区にある南機場国営住宅第一，二，三期団地の1階において，毎日開かれる夜市による，環境の衛生に対する影響が生じた。さらに，これらの夜市の関係者による建替えの反対によって建替事業は停滞する状況が続いている。

　近年，民間の建設会社は，地方自治体の都市景観計画を対応するために，建物の建築範囲と敷地境界線の距離を取って，集合住宅1階店舗の周りに通行人用歩道，公園や緑化などのデザインを行うことが多く見られるようになった。これは，台湾の内政部を提出した「容積の優遇措置規則」の政策が大きな影響を与えたものである。民間建設会社は建築を設計する際に自主的にマンションの建築境界線と道路を隣接する空間にて，居住者や近隣住民，通行人に優しく使えるような公園や緑化された200m² 以上のオープンスペース，または敷地の道沿いに2m以上の歩道やアーケードなどの空間をデザインする。それを奨励するために，地方自治体はこのマンションに一定の割合の容積率を与える。

　その政策の影響を受けた新築マンションでは，①民間建設会社は追加の容積率を取得し，②地方自治体は都市の景観に一定の美化の効果を付与することができ，③居住者にとっては暮らしている昔のマンションのような環境衛生の問題がなくなり，かわりに豊な緑ある住場所を提供していると考えられる。

（頼俊仰）

補注

［1］　内政部とは，台湾の行政院に属する内政を所管する最高行政機関であり，日本の内務省に相当する。

写真　南機場団地の1階とそのアーケード空間を夜市の店舗に貸している

写真　公園や緑化の空間をデザインした

アジア4都市の社会特性と
超高層住宅

アジア 4 都市の社会特性と超高層住宅
──第 3 部の概要

専門分野から 4 都市の超高層住宅を深堀り

　第3部は，アジア4都市にそれぞれ在住する研究者による，各都市の超高層住宅についての小論集である。この4名はいずれも，2016〜2019年に各都市で実施した調査（はじめに1.5，図-1.4）に対し協力を得た研究者である。各小論の内容は，p.9のシンポジウムでの講演内容をもとにしたものであり，第2部の内容を更に掘り下げるものになっている。

　4名の専門分野は異なっているが，各都市の超高層住宅の「大きな固有の特徴」に強く係りを持つ専門領域の内容となっている。また併せて，次の4点についても現地の研究者の目線から解説する。

・都市・住宅の現在までの大きな時代の流れ
・具体的な計画上の特徴
・高齢者への対応
・その他（課題や技術など）

高密・高層居住によるシンガポールのリバブルシティ計画（1 章）

　執筆者のヨハネス・ウィドド（Johannes Wido-do）氏はシンガポール国立大学の准教授であり，1996年に東京大学で博士号を取得した。専門分野は都市デザインと都市研究，および建築遺産の保存と管理である。ウィドド氏からは，シンガポールの地理・人口特性，これらを踏まえた国家成長戦略と都市マスタープランの展開，およびその中での超高層住宅の位置づけと特徴を論じてもらう。

香港における公的住宅の超高層化と計画技術（2 章）

　執筆者の衞翠芷（Rosman Wai）氏は，長年Hong Kong Housing Authorityで設計実務そして役員を勤め，この間香港大学で博士号を取得し，現在香港大学で教鞭をとっている。HKHAの団地・建築設計の内容と進化の過程に詳しく，著書「Design DNA OF Mark I」（HKHA最初の設計プロタイプ）は世界的書籍賞を受賞した。衞氏からは，最大の公的住宅供給主体であるHong Kong Housing Authorityの歩み，および開発可能な土地が極めて限られているという香港で取り組まれてきた，狭小な住宅をいかに暮らしやすく，維持管理しやすい住宅にするかという工夫や技術を論じてもらう。

北京の高層住宅と高齢化対策（3 章）

　執筆者の胡惠琴（HuiQin HU）氏は，中国建築学会国際交流部に勤務ののち，昭和女子大学大学院に学び博士号を取得した。2002年からは北京工業大学教授と中国建築学会発行の建築学報の編集者を兼務し，前者では高齢者住宅・住環境の研究に取り組んできた。胡氏からは，中国の高層住宅と高齢化の状況，高齢化と強く関連する人口動態や施設整備の状況，および近年の取り組みについて論じてもらう。

超高層住宅の特徴と暮らし（4 章）

　執筆者の張志源（Chihyuan Chang）氏は，国立雲林科技大学デザイン研究所で博士号を取得し，現在内政部建築研究所に勤務する。専門は高齢者住宅の計画基準や制度であり，これらの国際比較にも取り組んでいる。張氏からは，高齢化対策の動向と共に，近年急速に整備されてきた社会住宅について，その経緯と具体的事例の特徴を論じてもらう。

1 高密・高層居住によるシンガポールの リバブルシティ（暮らしやすい都市）計画

ヨハネス・ウィドド Johannes Widodo（シンガポール国立大学）

1.1　小さな島国の挑戦と機会

シンガポール（Singapore）の土地面積と人口は，過去，絶え間なく拡大してきた。現在，2020年時点においてその面積は約 725.7 km²，推定人口は 580 万人である。シンガポールは土地面積を埋め立てにより拡大しているが，これが本格的に行われるようになったのは 1965 年の独立以後である。

海上に拡張された土地は，インフラ建設（空港や港，高速道路，公園など）や，新しい商業・産業エリア，および住宅地として使用されている。しかし，埋め立てによる新たな土地の創出は，国家間の海洋境界線の問題や海洋環境問題，近隣諸国との外交上の対立を理由として限界がある。

環境については，気候変動や海面上昇，天然資源の欠如，生物多様性，食料やエネルギーの高い消費率，空調機器への依存，廃棄物排出率の高さなどから生じる問題が増加し，これらへの対応も複雑になってきている。

近隣のインドネシアにあるスマトラ島やカリマンタンでの焼畑農業からくる汚染された煤煙による霞は，シンガポールに影響を与えてきた。SARS や H1N1 型インフルエンザ，新型コロナウイルスといった広域な感染症の波は，住民の健康に影響を及ぼし，経済的な損害も与えている。

シンガポールは，エネルギーの輸入コストの増大，ほぼ 100 ％の食料輸入への依存，インドネシアでの多発する地震などを理由に，国内外で常にプレッシャーにさらされている。

国内の少ない人口だけでは，国内経済を維持し続けることはできない。そのため，シンガポールは，直接的な海外投資，大規模な観光産業（医療，レジャー，会議集会，展示会など），活力のある不動産市場，それらのためのハブ機能（交通，貿易，知識，金融など）を発展させ，先進的な経済大国に成長するしかないのである。

その中でシンガポールが生き残り，成長していくためには，イノベーションや最適解を見つけ出すための政府による介入を通じて，競争力のある優位性を継続的に維持していく必要がある。また，経済成長，生産性の向上，労働力の補充，消費の拡大を維持し，国内経済の持続可能性を生み出していくためには，人口を増加させていく必要がある。

しかしながら，このシンガポールという小さな島で受け入れられる人口と人口密度には限界がある。また，すでに限界に達している土地や天然資源を保全していくためには，建築面積の総占有面積の拡大を厳しくコントロールすることなしには，継続的な拡大は不可能である。

同時に，増加する人口を受け入れる唯一の方法は，超高層・高密度な都市開発と計画手法の追求である。未開発の土地は，生物多様性や集水エリア，自然の息づく空間，農業，レクリエーションエリアとして保全（そして再生）することが求められる。つまり，開発の取組みと方針は，水や食料の確保，エネルギーの保全，社会・政治的な安定性，文化的弾力性の向上に向けられるべきである。

そのためのフレームワークが「シンガポール・リバブルシティ・フレームワーク」である。これは，暮らしやすさ向上の観点から，都市計画と，公的住宅や民間住宅を含む物理的開発を統合する政策の枠組みである。原則は人間中心の計画にある。

1.2　自然の中の都市に戻す政策

シンガポールの都市計画の原則には，ガーデン

シティの思想が息づいている。

1960年代から70年代初頭にかけての初期ニュータウン開発マスタープランでは，ル・コルビュジエの高層スタイル，ガーデンシティといったモダニズムのコンセプトが取り入れられていた。

その後，マスタープランのコンセプトは，「シティ・イン・ガーデン（庭の中の都市）」へ，そして現在は「シティ・イン・ネイチャー（自然の中の都市）」へと移行している。そこには，人を自然の中の環境に戻そうとする明らかな動きがある。

ここからは，そのようなコンセプトから生まれているいくつかの計画についてみていきたい。

（1）車依存ではない交通体系の統合化

生活の上で自動車は不可欠であり，所有することがステータスシンボルでもある。一方で，シンガポール政府は車所有を制限し，MRTシステムのような公共交通機関の利用への誘導を図っている。同時に，身障者や高齢者のためのユニバーサルなアクセシビリティの確保，歩きやすさ，自転車通行のしやすさなどが包括的・統合的に検討されている。その際のコンセプトが，島自体を家のようすることである。家とまちなかとの分断がないようにするものである。

（2）車所有・利用の制限

政府は，車の所有と利用を制限し，都市の中の車の総台数を制御している。そのために2つの工夫がある。

まず，車を所有するために，事前に権利証明書を購入することが求められることである。日本でいう自動車所得税のようなものであり，その額はオンライン入札（オークション）で決まる。その結果，権利証明書が車本体の価格と同じくらい高くなることもあり，シンガポールでは日本などの国に比べて，車の所有のために2倍の費用を支払う場合もある。

2つ目の工夫は，ロードプライシング（通行課金）である。シンガポールでは，制限エリア内では一般的な市街地でも通行するごとに課金される

仕組みがある。道路上にゲートがあり，車のダッシュボードに置かれた電子カードから料金が差し引かれている（写真-3.1.1）。

これらの仕組みによって，車利用から公共交通機関や自転車の利用，歩くことへの誘導が図られている。

（3）シンガポール全体の自然豊かな接続ルート

シンガポール全土が，パークコネクターネットワークとして結ばれている。これは，国内の主な公園と自然エリアを結ぶ緑のネットワークであり，専用レーン（写真-3.1.2）で結ばれている。シェアサイクルも発達しており，要所にシェアサイクルのステーションも完備されている。

これらは国内のさまざまな資源を共有しようという試みであり，同時に人々が家から外に出たいという気持ちを高めるという発想がある。

写真-3.1.1　まちなかにあるロードプライシング設備

写真-3.1.2　パークコネクターの専用レーン

写真 -3.1.3　ビジネス地区地上部の専用レーン

写真 -3.1.4　高層住宅 + 都市農園

(4)　ビジネス地区でのウォーカビリティ

　都市を人中心に戻す仕組みは，公園や自然の
ネットワークだけでなくビジネス地区にもある。
自動車動線を地上と地下の２層構造として，地上
レベルは，２車線と，自転車と歩行者の専用レー
ンがある。人々は建物，病院，市場などを地上レ
ベルで行き来できるようになっている。地下レベ
ルは３車線で，そのうち１車線はバス専用レーン
となっている（**写真 -3.1.3**）。

1.3　資源確保の工夫

　自然の中の都市をつくるためには，シンガポー
ルにおいて最重要な資源確保の問題がある。次の
ような資源の問題があるが，自分たちの工夫と努
力で確保しようとしている。そうすることで，シ
ンガポール国民は，たとえ国として孤立したり，
戦争や大規模災害があったとしても，自らの身を
守れるようにしようとしている。

(1)　水の確保　閉鎖系水循環

　まずは水問題である。国民全体にまかなうには，
制約のある内陸の淡水資源だけでは足りない。不
足分を補うため，主にマレーシアから水の供給を
受けており，飲料水は高価になる。また，外交の
観点からは，他国からの供給が停止する可能性を
常に秘めている。

　そのため，水確保の工夫が必要であり，再生水
など閉鎖系の水循環をシステムとしてとりいれて
いる。

(2)　エネルギーの確保　再生可能エネルギー・
　　　ゼロエネルギー

　次がエネルギー問題である。シンガポールには
エネルギー資源がない。原子力発電を建設するこ
ともできない。石炭，ガス，石油などの炭素エネ
ルギーを消費する必要があるが，それでは，サス
ティナブルではない。

　そのためシンガポールでは，新規建設の際に，
ネットゼロエネルギーや超低エネルギー消費の
ルールを課している。また，再生可能エネルギー
によるエネルギー確保にも積極的に取り組んでい
る。

　シンガポールのすべての公的住宅に，ソーラー
パネルが設置される計画がある。家庭の電力は，
化石燃料に依存することを少なくすることが望ま
れている。

(3)　食の確保　都市農業

　そして食の問題である。国内には農業の適地が
ないため，ほとんどの食品を海外からの輸入に依
存している。そのため，シンガポールの都市や建
築物の緑化はランドスケープのためだけではなく，
都市農業の場としても考えられている（**写真 -3.1
.4**）。

1.4　バイオフィリックデザイン

　シティ・イン・ネイチャー（自然の中の都市）
の政策の中で，建物にもそのコンセプトが及んで
いる。それが，バイオフィリックデザインである。
その計画手法は，まちや建築のスケールで，その

中にいる人が自然とのつながりを感じられるようにすることである。

　シンガポールの建物のファサードや屋上，共用ゾーンには植栽がある。これは，都市空間と高層建築のランドスケープ（LUSH；Landscaping for Urban Spaces and High Rises）という総合的な緑化規制によって都市にもたらされている（**図-3.1.1**）。その要件は，場所（指定区域）や開発タイプによって異なっているが，それぞれで，コミュニティ屋上ガーデン，コミュニティプランターボックス，屋上都市農園，コミュニティガーデンなどの空間や緑化の割合・量が定められている。

　これらの計画の重要性には，国民の共同体精神を持続させることがある。国民は屋外空間を室内生活の延長のものと考えている。住宅の中にいる時にも，共用施設や屋上からの眺め，家族との交流などを楽しんでいる。高層階のデッキは，友人や家族などの集まれる重要な場所である。

　しかし，そこは私たちがホームと呼ぶ場所にはなっていない。本当のホームは，外の自然とつながっていることが重要なため，そのことを実現するための計画が重視されている。

1.5　高齢社会 ALL-IN-ONEVILLAGE

　シンガポールも日本のように，あらゆる問題を抱えた高齢化社会に向かっている。現在の平均寿命は76歳程度である。

　その高齢化社会に対応するために計画されたのが2018年のALL-IN-ONEVILLAGEである（**写真-3.1.5**）。これは，退職者専用の中層都市街区である。1階がスーパーマーケット，レストラン，フードコートなど，生活必需品の商業施設集積である。中層階は，ヘルスケア，チャイルドケア，高齢者ケア，病院，診療所に特化している。退職者は上層階の住居ゾーンに居住できる。

写真-3.1.5　ALL-IN-ONEVILLAGE（Kampung Admiralty）

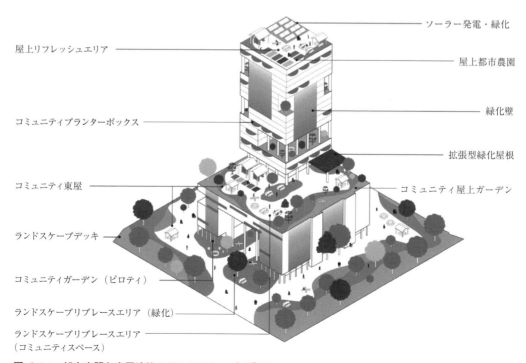

屋上リフレッシュエリア

コミュニティプランターボックス

コミュニティ東屋

ランドスケープデッキ

コミュニティガーデン（ピロティ）

ランドスケープリプレースエリア（緑化）

ランドスケープリプレースエリア
（コミュニティスペース）

ソーラー発電・緑化

屋上都市農園

緑化壁

拡張型緑化屋根

コミュニティ屋上ガーデン

図-3.1.1　都市空間と高層建築のランドスケープ（© Urban Redevelopment Authority. All rights reserved.）

屋上には，都市農業もできるコミュニティガーデンがある。高齢者と幼稚園児が一緒になって農園で活動するような一体感もある。この小さな街区は，MRT などの交通結節点に直結しているため，地域コミュニティの中心となっている。

1.6　高密・高層のシンガポールの未来

シンガポール人は，非常に高密度な都市に住んではいるが，密度自体は問題にはなってはいない。しかし，新型コロナウイルスのパンデミックの際には，ナイトクラブや映画館などの混雑と密接な出会いが問題になった。そのため，都市そのもののデザインを考え直す機会になった。

シンガポールの将来の計画では，ステイホームや孤立を含むすべての問題に対して，より住みやすく，暮らしやすい包括的なコミュニティの実現に目を向けつつある。

それが，最新のマスタープランである「マスタープラン 2019」にも現れてきている。以下は，シンガポールの発展を近い将来に導き出すための5つの主要なテーマである。

①　暮らしやすくあらゆる人々を受け入れる「コミュニティ」

シンガポールは多民族国家である。国自身が生き残るために外国人に依存している実態もある。コスモポリタンな社会にあって，人々の社会的結合はさらに重要になっている。

だからこそ，誰もが楽しめる施設を備えた住みやすさい住宅とインクルーシブなコミュニティが求められる。

②　身近な場所の「再生」

そして，慣れ親しんだ場所の再生である。人々の記憶とつながる歴史的意義のある場所は，昔の世代と若い世代の交流と持続可能なモビリティを強化するのに役立つ。

③　利便性が高く持続可能な「移動手段」

車が不要となっても，公共交通機関を利用することで利便性を高める。さらに自転車に乗り換えたり，歩くことができる。そうすることで，より多くの人と，まちなかで出会うことができるようになる。

④　ローカルハブとグローバルゲートウェイ

シンガポール国内だけでなく，他国との関係づくりのためのローカルハブとグローバルゲートウェイの開発が重要である。

⑤　持続可能でレジリエントな「未来都市」

たとえ土地が限られていても，持続可能でレジリエントな未来の都市にシンガポールを移行させることである。

シンガポールの都市はさらに高層に，そしてさらに地下の深くまで行くことができる。このような政策によって，より多くの住宅を提供するとともに，都市をより自然に近づけようとしている。

参考文献

1）　シンガポールマスタープラン2019　https：//www.ura.gov.sg/Corporate/Planning/Master-Plan/Introduction

2 香港における超高層公的住宅の計画とデザイン

衞翠芷 Rosman Wai（香港大学）

2.1 住宅問題の深刻化

香港（Hong Kong）はかつて小さな漁村であり，19世期半ばまで住宅問題と無縁であった。1842年にイギリスが占領・植民地化した時点では，主に中国との交易におけるイギリスの拠点地であった。時が経ち，中国本土などからの移民の流入によって島の人口は膨らんだ。それから間も無く過密化，劣悪な衛生環境など，住宅問題が浮き彫りとなる。

第2次世界大戦後，状況は更に悪化する。日本統治時代が終わり，追われていた住民たちが戻ってくるとともに，移民の流入も増加した。道路や街のいたる所に人が溢れ，長屋は分割され，山腹や屋根の上，ボートの上にまで無許可で人が住みつくようになった。この状況を改善して社会・経済の秩序を再構築することが，戦後の植民地政府にとっての最優先課題であった。

2.2 香港における公的住宅の歴史と発展

(1) 香港における公的住宅事業の始まり

政府は住宅問題を解決するべくさまざまな方法を試みたが，それらはあまりにも限定的な取り組みであったため成果もほとんどなかった。1953年のクリスマス，九龍半島の中心に位置する石硤尾エリアで大規模な火災があり，不法占拠小屋や石造りの建物を含む6つの村が焼失し，一晩にして5万3000人がホームレスとなった。この大火が契機となり，香港の公的住宅事業が始動する。政府は，貧困者への住居供給に加え，被災者を収容するという課題を背負いながら，不法占拠されていた土地を解放し，香港経済の発展を後押ししていく。

(2) 1950〜70年代：シングルルーム住戸への標準化

当初は施工期間の短縮を図るため，団地の設計仕様に標準化のしくみが取り入れられた。それは，開発地域全域に渡って同じデザインの住棟が反復されることを意味した。石硤尾の再定住団地の設計仕様は Mark I Block と名付けられ，香港の公的住宅のプロトタイプとなった。なお，香港の公的住宅事業は石硤尾の大火をきっかけに始まったが，Mark I の設計仕様は即席でつくられたわけではない。この設計仕様はイギリスと香港の両国に社会・文化的なルーツを持つ[1]。

再定住計画は当初，大火による被災者のための応急措置を意図していたが，1960年代に入ってからは政府の貧困者救済の政策となる。Mark I Block は1950年代から1980年代にかけて更に発展していった（図-3.2.1）。Mark II から Mark VII Block，そして Slab Block，New Slab Block，I-Block，H-Block の順に進化し，最終的に Tri-

| 風景の一部となっている | Mark I Block-the fiest standard block | Twin Tower Block | Trident 1 Block | Linear Block | Harmony Block |

図-3.2.1 港の都市景観と公的住宅の標準的住棟配置（図の出典：Hong Kong Housing Authority）

dent I Block（これらの名称は団地の形状を反映したものである）という住棟の標準設計仕様が生まれた。これらはすべて，シングルルームの間取りを基本としていた。信じられないことに，この単純な間取りは約 30 年に渡って，200 万人を超える人々の住宅の間取りとして存在し続けたのである。

(3) 1970〜80 年代：総合的団地設計と住宅 10 カ年計画

　基本的な間取りは似たような形で保たれたが，一方で，バルコニー通路で囲われた 6 階建ての H 形 Mark I Block の誕生から，内廊下と各戸独立式の住戸が並ぶ 16〜20 階建ての巨大団地 Mark VII Block まで，住棟の形状は変化し，バリエーションが生まれた。この変化は技術的進歩や住宅政策の変更など，さまざまな理由により起きた。1970 年代に香港の経済が発展し人々の生活が豊かになるにつれ，公的住宅に課せられる使命も被災者のための避難シェルター供給から民間住宅を借りる余裕のない者への住宅供給へと変化していった。この時期に直線形で 16〜18 階建ての Slab Block とロの字形で 21〜24 建ての Twin Tower Block 等，大規模で高層の団地が登場する。

　1972 に発表された住宅 10 カ年計画は草分け的政策であり，香港の誰一人としてホームレスにしない，ということを約束するものであった。都市部にある古い団地の再開発計画と新界のニュータウンの住宅開発は，直線形の 20 階建て New Slab Block や 14〜21 階建て I-Block の誕生に繋がり，さらに 1970 年代の H 形の 25〜28 階建て H-Block，1980 年代の Y 形の 36 階建て Trident Block の誕生に繋がり，大規模化・高層化とともに総合的な団地設計がさらに求められるようになる。

(4) 1980 年代〜現在：機械化のデザイン，敷地特性に即したデザイン

　1978 年に施行された公的分譲住宅事業は社会から絶大な支持を得た。1950 年代〜60 年代には重視されていなかったプライバシーの確保は 80 年代に入ると徐々に人権としてとらえられるようになり，それまでのシングルルームを基本とした間取りを再考することが緊急課題となる。そうして生まれた複数の部屋からなる住戸というコンセプトは，公的住宅事業に新時代の到来を告げるものであった。室内の間仕切りが可能で敷地ごとの配置に合わせることができる 35 階建ての Trident Block と 21〜27 階建ての細長い線状の Linear Block が設計された。

　また，1980 年代の建設業界では人手不足が深刻であり，そのことが人的資源の節約と施工品質の向上のために，施工の機械化，プレハブ・プレキャストを導入するきっかけとなった。これらの新しい建設技術は 1980 年代後半に，十字架状の 40 階建て Harmony Block の建設において初めて取り入れられ，1992 年から 2008 年の間に建設された 600 棟近くで用いられた。

　21 世紀に入ると，大規模・高層団地は単調な景観を作り出すという問題が指摘されるようになり，すべての団地で標準設計を使用するという考え方が見直される。現在の団地建設では標準設計ではなく，その敷地の可能性を最大限活用しながら都市景観に多様性をもたらすような，地域に合わせたデザインが取り入れられている。また，生産性，安全性，持続可能性を高めるために，工場で製造された建築部材を現場で組み立てる MiC（Modular Integrated Design）が主流となっている。

2.3　超高層公的住宅団地の設計と供給

　1 100 km^2 の土地に約 750 万人の人々が住む香港は，世界で最も人口密度の高い都市のひとつである。住宅不足という問題を常に抱えており，丘陵地で開発可能な土地が約 24 ％しかないということも問題をよりいっそう難しくしている。そのため解決策は必然的に，より小さなアパート，より高層の住居，そしてより密に配置された住棟によって，同じ面積で最大限の住民を収容することとなる。したがって，公的住宅の設計においては

これらの狭小住居をいかに暮らしやすく，維持管理しやすいものにするかが焦点となってきた。

(1) 住戸設計
a. 小住戸の設計

　香港の公的住宅における住戸の平均面積は世界でも最小の部類に入るであろう。1〜2人用の住戸の平均は 14 m²，2〜3人用は 22 m²，3〜4人用は 30.5 m² である（**図 -3.2.2**）。施工の質を維持するために，機械による施工とプレハブ工法を活用しやすいモジュラー設計が採用され，ワンルームの部屋は間仕切りで分割できるようになっている。このような狭小の住戸では空間をわずかでも無駄にできない。住戸の設計は家具の配置まで想定して行われ，睡眠，食事，子どもの勉強や家族の団らんといった日常生活のために必要なスペースを確保する。それと同時に，リビング・ダイニング，バスルーム，キッチンは車椅子での移動に対応し，年齢層や移動能力が異なる住民のさまざまなニーズに応える必要がある。こういった設計上のさまざまな要件を，狭小な住戸で実現することは難題であり，設計の工夫が必要とされる。

b. 環境に配慮したデザイン

　環境の持続性に配慮し，電力を多く使用する照明器具や空調システムへの依存を最小限にするために，パッシブデザイン，すなわち自然エネルギーを最大限に活用した設計が採用されている。2004年頃から団地の設計にあたって，マイクロクライメイトスタディーという，流体力学，風洞実験，日照シミュレーション等を用いた，団地が建つ敷地の微気候の分析が行われている。敷地周辺の風向きや自然通風，日射や日射熱取得率，騒音発生源，さらには炭素排出量などが分析され，設計に活かされている。

　例えば，交通量の多い道路に面した住戸のバルコニーには防音用の手すり壁や吸音パネルを設置し，さらに，二重窓とすることで，通気を確保しながら騒音を遮っている（**図 -3.2.3**）。また，日射の方向によって庇の長さも変更できるようになっており，西向きの住戸では，西日を遮るために庇を長くし，かつスライド式の窓によって風を取り入れる（**図 -3.2.3**）。さらに，基壇部分には2層分のヴォイドを設け，オープンスペースの風通しを良くしている。

　このように，住戸の設計や住居棟の向きや配置は自然環境を最大限に活用するように決定され，亜熱帯気候においても心地よく過ごせる住環境を生み出している。

(2) 住棟設計

　現在の公的住宅団地の住棟は40階建てが一般的である。香港人は高層の住宅で暮らすことに慣れている。このことは民間の高層集合住宅で上階に位置する住戸ほど高値で取引されることからもわかる。高層階の住戸ほど，窓からの眺めがよく，道路からの埃や騒音の量も減ると考えられている。

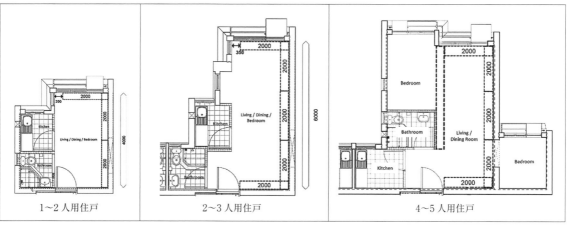

図 -3.2.2　住戸平面図（出典：Hong Kong Housing Authority）

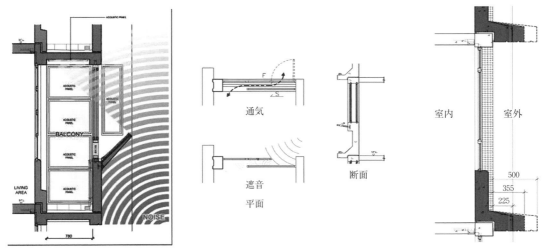

図 -3.2.3 バルコニーと窓における騒音対策 （出典：Hong Kong Housing Authority）

高層階の住戸に対するニーズがあり，なおかつ限られた面積により多くの住宅を建てる必要がある。このような人々のニーズと社会的な要求が合致し，香港の高層住宅はますます高く伸びていく。一方で，数百世帯を収容するような超高層住宅では，保健・衛生，安全，防犯，動線にかかわる問題への対処が最重要課題となってきた。

a. 保健と衛生

住民の健康と衛生状態を守るために採光と通気は設計上，重要な要素であり，高層住宅のすべての住戸に適切な採光と通風を確保するために厳しい建築法規が政府によって定められている。

とりわけ新型コロナウィルス感染症（COVID-19）が流行してからは，健康に良い建物に対する関心がますます高まっている。香港では 2003年にも「重症急性呼吸症候群（SARS）」が流行し，300 人近くの死者を出した。

当時，香港の政府は徹底的な調査を行い，SARS 流行の重大な要因となった環境要素を特定した。すなわち，感染症は，排水溝システムや通気システムを通じて部屋から部屋へと拡がった。このことを踏まえ，ダブルトラップ排水システム（写真 -3.2.1）を導入し，洗浄水がきちんと流れ，そして乾いたトラップが壊れないようにすることで対策している。このシステムの有効性は新型コロナのパンデミックにおいても証明されている。

ゴミ処理システムも高層住宅の衛生にとって重要である。家庭ごみは各階のコンクリート製のダストシュートに投げ入れられ，一階に置かれたゴミ集積室に落ちる。その後，ゴミはコンパクター（圧縮機）によって 3 分の 1 のサイズに圧縮されて市のゴミ回収場に移送される。圧縮処理は家庭ごみの体積を減少させるだけでなく，ゴミに含まれる有機質汚水を迅速に排水することができるため，より衛生的なゴミ処理を可能にする。ただし，ゴミを一時的に保存するピットの脱臭や洗浄など，メンテナンスは必要である。

b. 安全性

高層ビルにおいて構造的な安定性と火災からの安全は大きな関心事である。香港では地震は多くないが，夏期の台風に伴う強風が構造設計における重大な懸念材料である。1992 年以降，コンクリートの性能と構造設計技術の向上により集合住宅の運用寿命は少なくとも 100 年まで伸びた。ただし，これは構造体の寿命を維持するための適切なメンテナンスと定期的なモニタリング体制を前

写真 -3.2.1 ダブルトラップ排水システム （出典：Hong Kong Housing Authority）

提としている。

　火災はどんな建物でも脅威だが，高層住宅ではとりわけ深刻である。火災が発生した際に住民が安全に避難するため，厳しい規制が建築法規と消防法で定められている。40階を超える建物の場合，火災発生時にレスキューが到着するまでのあいだ住民が一時的に待機できる避難用フロアを設けなければならない。このフロアは他の用途に使ってはならない。安全な避難ルート，消火栓に繋がったホースリール，火災報知器，道路の給水栓から消火用水を汲み上げる引き入れ口，消防隊の進入経路の確保が法規で義務付けられている。

c. 防犯

　かつては団地の防犯はあまり重視されていなかったが，1980年代に団地の防犯基準が引き上げられた。現在の団地には電子錠つきのゲートがあり，住棟のエントランスに各戸と繋がるインターフォンが設けられている。エントランスやエレベーター，エレベーターホール，集合ポストエリアなど，建物の要所に常駐の警備員がモニタリングできる監視カメラが設置されている。各住戸の玄関ドア前に住民が自ら金属製ゲートを設置して防犯対策をしている場合もある。香港の公的住宅において空き巣や強盗等の犯罪はほとんど見られない。

d. 動線

　エレベーターは高層住宅において垂直動線を担う重要な設備である。典型的な40階建て800戸前後の住棟では，最低でも6台のエレベーターが設置されている。待ち時間を短縮するため低層階と高層階それぞれに専用のエレベーターがある。エレベーターには点字プレートが付いたボタンやバックライト付きのレタリング，音声ガイドなどが施され，誰もが利用しやすいように設計されている。省エネのために永久磁石を用いたシンクロナスモーターや再生エネルギーで稼働するエレベーターも採用されている。各階の水平動線は一般的に，エレベーターコアから伸びる内廊下が担っているが，騒音対策として交通量の多い道路に面して遮音を兼ねた通路を設けている場合もある。

(3) 団地の施設・配置計画

　各団地は小さなコミュニティとしてデザインされており，住民が団地の敷地内で生活必需品を確保し，レクリエーションを楽しめるように配慮されている（図-3.2.4）。

a. 団地内の施設

　公的住宅団地には一般的に，交通施設（バスターミナルもしくは停留所，タクシー乗り場，駐車場など），商業施設（生鮮市場やスーパー，商店など），社会福祉施設（高齢者センター，ユースセンター，デイケアセンター，心身障害者センターなど），教育関連施設（託児所や幼稚園，小中学校など）がある。どの施設が供給されるかは周辺エリアの要件を考慮して決定され，まちづくりの一環として包括的な視点から計画される。団地の住棟とこれらの施設は屋根付きの歩道でつながっており，住民は生活必需品・サービスに容易にアクセスできる。

b. 基壇部分の設計

　基壇部分は香港の高層住宅の特徴のひとつであり，団地の1階から2～5階までの土台となる部分を指す。基壇部分には一般的に商業施設や社会福祉施設が入居し，駐車場としても利用される。民間の住宅団地では基壇部分のほとんどが住民専用の共用施設・空間となっている。香港では多く

ポデュム（基壇）上の住棟

公共交通の
ターミナル

生鮮市場

商業センター

教育施設

ランドスケープ
エリア

図-3.2.4　団地の風景と団地内施設（出典：一番左の写真のみ Hong Kong Housing Authority）

の団地が斜面に建てられていることから基壇部分にはさまざまな形態があり，団地の低層階と高層階を繋ぐだけでなくコミュニティの集会場としても活用されている。

c. ランドスケープエリア

団地内のランドスケープエリアは一階部分だけでなく基壇部分の屋上にも設けられている。体を動かすレクリエーションの場（遊具がある子どもの遊び場，健康器具がある高齢者のフィットネスエリア，足つぼマッサージ通路，バスケットやバドミントンのコートなど），多種多様な植栽に囲まれた休憩所といったリラクゼーションの場として使われている。公的住宅団地のランドスケープエリアが積極的に利用されているのは，上にそびえ建つ高層住棟内の住宅の狭さを補うために，住民がこのエリアを自宅のリビングの延長の空間かのようにとらえているからかもしれない。

2.4　民間住宅

民間住宅には香港の全世帯の約 54 ％が住む。HKHA が定める公的住宅における生活空間の最低基準は一人あたり 7.5 m² だが，実際は一人当たり 13.4 m² が確保されている。民間住宅では一人あたりの最小面積は規定されていない。住戸の平均サイズは 50 m² 未満だが，両極端ともいえる格差がある。超高層住宅の多くは 40 階を超え，先述した通り，消防法に従って避難階が設けられる。民間住宅では住棟の標準設計は存在しないが，住戸のレイアウトはどれも似通っており，また，エレベーターと設備のコアを中心にして十字状に 4〜8 戸が配置されている構成が一般的である。これは建築法規に従いつつ，可能な限りの販売床面積を設けようとした結果である。公的住宅とは異なり，民間住宅では住戸や設備がより高品質な仕上がりとなっており，多くの管理コストを必要とするクラブハウス，ジム，スイミングプールといった施設もある。しかし，社会福祉施設，生鮮市場，学校や屋外球技場などは厄介事を招くとみなされ民間住宅ではほとんど見られない。

2.5　住宅を老後の生活にふさわしい場所とするために

香港における高齢化に伴う問題はこの先 20 年間でさらに深刻になるだろう。2020 年の時点で出生時の平均寿命は男性で 82.4 歳，女性で 88.2 歳と，男女どちらも世界の上位であるが，出生率は 1.3 人で世界の最下位に近い値となっている。20 年以内に香港の人口の 3 分の 1 近くが 65 歳以上になると予測されている。高齢化は住宅，社会福祉，公衆衛生，精神的・経済的サポートなど，さまざまな面で対策が要求される社会問題である。

高齢化に伴う問題はこれまでも盛んに議論され，小規模で独立した住居に住む高齢者の孤立防止が課題とされてきた。HKHA はさまざまなタイプの高齢者住宅を提供した。低層階にある住戸を高齢者用にリノベーションしたり，高齢者向けにデザインされた共用のキッチン，ダイニング，洗濯エリアなどがある管理人つきの物件などである。しかし，これらの試みの結果，すべての高齢者を高齢者専用住宅に住まわせる方法は費用対効果に乏しいということが判明した。高齢者の大多数は年老いてからケア付き住宅に移されるのではなく家族と自宅で暮らすことを希望している。高齢者が身体に障害を持つことになったとしても住み続けることができる，「ふさわしい場所での老後」が，高齢者への住宅供給に関する共通の目標となっている。

この目標を実現するために，2002 年からすべての公的住宅団地の設計はユニバーサルデザインのコンセプトを採用している。すべての住戸，共用エリア，外部エリアをバリアフリー化するということである。これによりすべての住戸が高齢者のニーズに応えられるようになり，高齢者のために特別に設計された住宅は必要なくなった。そして誰もが老後の生活にふさわしい場所や好きな住戸で過ごすことができるようになった。

社会のニーズや人々の欲求を反映する建築が都市の性格を形づくる。公的住宅の場合，それがとくに顕著である。なぜなら地域のニーズに応える

という明確な目標があるからである。一方，民
間住宅は，住宅としての需要だけでなく投資用資
産としての需要もあり，住宅市場のニーズを反映
している。香港における高層住宅の壮大な物語
は，過去数十年にわたる香港社会の変化を映し出
し，また，これからも進化し続けていく。

参考文献

1 ）　Wai,R.：Design DNA of Mark I：Hong Kong's Public
Housing Prototype. Hong, Kong：MCCM Creations,
2020
2 ）　Wai,R.（Ed.）：Planning,Design,and Delivery of Quality
Public Housing in the New Millennium. Hong Kong：
Hong Kong Housing Authority, 2010

3 北京の高層住宅と高齢化対策

胡惠琴 HuiQin HU（北京工業大学）

3.1　中国の住宅の歴史と高層化

(1)　住宅の歴史と高層住宅の状況

　中国では急速な都市化で大量の人口が都市に押し寄せたが，土地が少なかったため矛盾が現れてきた。大きな流れは次の通りである。

　1949 年から 1978 年までの 30 年間，中国は社会主義計画経済の下で福祉住宅が主流であった。1978 年以降の 30 年間は，中国の住宅政策が大きく変わり，社会主義市場経済の理論の下で都市住宅が大きく発展した。とくに，1990 年代は民間デベロパーによる分譲住宅が市場に登場した。高層住宅は 1998 年以降供給が開始され，塔状形態が主流となっている。

　中国の階数別の建築の定義は**表 -3.3.1** の通りであり，11〜30 階が高層，30 階を超えるものが超高層である。現在北京には，30 階を超える超高層の集合住宅は 125 存在する。

(2)　高層住宅の問題点

　2018 年，国の新しい都市住宅区の計画設計基準が公布された。公布の背景は高層住宅のマイナス面である。例えば，普通の住宅より 50 ％高い建設コスト（統計データあり），建設段階での建築材料・エレベーター・消防設備，維持管理段階でのエレベーター，断熱，照明などのエネルギー消費。解体コストも高く難しく廃棄物が多いこと，そして

災害を受けやすいこと。消火活動も難しく，2010 年の上海高層アパート火災では 58 人が死亡した。

　この基準において，高層住宅の階数は 19〜26 階まで，高さは 80m に抑えられた。これは，現在民間デベロッパーが利益確保を目的に住宅を高層化することに対し，これをマクロ的に制限したいという事情がある。また，居住者コミュニティや交流，子どもの成長へのマイナス面も気になる点である。

3.2　高齢化と施策の動向

(1)　高齢化の動向

　中国は前例のない大規模な人口の高齢化のプロセスに直面している。高齢化，失能化（生活能力喪失），空巣化，少子化現象が共存している。他の国と違い中国人口の基数（計算の基準となる数）は大きく，高齢化社会の勢いは激しく，経済的な蓄えがなく，介護施設の不備，福祉制度がまだ完備されていないなどが特徴としてあげられる。

　中国では古くから 60 歳を還暦と呼び，60 歳を老年期の年齢基準としている。1970 年代から中国の高齢人口は上昇傾向にあり，高齢化は加速している（**図 -3.3.1**）。2018 年末現在，60 歳以上の高齢者は 28 ％に達している。1960 年代のベビー

表 -3.3.1　階数別の建築定義

階数	高さ	名称
1 – 3 F	<10 m	低層
4 – 6 F	10 – 24 m	多層
7 – 10 F	24 – 44 m	小高層/中層
11 – 30 F	40 – 100 m	高層
31 F –	100 m<	超高層

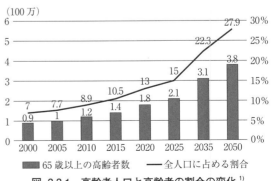

図 -3.3.1　高齢者人口と高齢者の割合の変化[1]

ブーム世代の人々がしだいに老年期に入り，高齢化の問題は更に深刻になり，社会全体に全面的な影響をもたらすに違いない。現代の生活環境の改善や医療技術の進歩により寿命が延びてきており，2000～2010年には，80歳以上の高齢者増加率は5.8％となるなど，高齢化が進んでいる。

　高齢者世帯の空巣化も進んでいる。経済のモデルチェンジと出産政策，家庭の小型化，一人っ子の国外での仕事と学習により高齢者だけの世帯が多くなり，いわゆる空巣化が起きている。

　北京には1970年代から1990年代末に建てられた古い団地が数多く存在している。統計によると，北京市内の1970年代以前に建てられた団地は約200あり，延べ面積約975万m²。70年代に建てられた団地は約300あり，延べ面積約1 000万m²。80年代まで北京で建てられた団地は約1 000あり，延べ面積約3 814万m²である。しかも住んでいるのは高齢者が大変多い。北京市老齢委員会の統計によると，2014年末現在北京市中心の6区（東城区，西城区，海淀区，朝陽区，石景山区，豊台区）での，60歳以上の戸籍上の老年人口は196.3万人で，全市の戸籍上の老年人口総数の66％を占める。80歳以上の高齢者人口は38.9万人で，全人口の13％を占める。

(2)　未富先老・未備先老

　2000年に高齢化が進んだ当時，中国1人当たり平均GDPは1 128米ドルで先進国の5分の1であり，まだ豊かになる前に高齢化社会が訪れている。老後資金を準備しないうちに高齢化社会が訪れ保障圧力が大きく，医療保険制度，福祉貸与援助など現在の社会サービス体系は高齢者の需要を満たすことができていない。

(3)　「9064」養老モデル

　以上の背景に基づき，中国政府は2010年に「9064」養老モデルを打ち出した。すなわち90％の老人は自宅で養老し，6%の老人はコミュニティの施設で養老し，4%は老人社会施設（老人ホーム）で養老する。さらに2016年にはコミュニティ養老駅（宅老所）の建設を推進し，奨励している。

　以上のような養老モデルは大きく分けて在宅介護，コミュニティの施設養老と機構養老の3種類に分けられる。

① 在宅介護

　老人だけで暮らす，子どもと一緒に過ごすかの2種類があり，自宅では，家族，コミュニティや社会が生活サービスを提供する。

② コミュニティ施設での養老

　在宅介護と通所介護の長所を総合化している。元の住所あるいはコミュニティに居住して政府，社会組織と企業が家庭以外の生活サービスを提供して，日帰りケアセンター，養老拠点などにより，訪問・給食・入浴サービス・応急手当・長期的なケアなどを総合的に提供する。

③ 社会施設養老

　長期に専門施設の中で居住し，施設から全面的に専門な介護サービス（養老院，敬老院，福祉院，シニア住宅）を提供する。

　しかし，高齢化に伴い認知症の患者が増えつつあり，現在4 000万人に上る。認知症のケアについて，経験もグループホームのような十分な対応ができる施設もない中国は重大な社会問題に面している。あるアンケート調査によると，在宅介護を選択した人が大多数を占め，できるだけ自宅に滞在する時間の延長を希望し，サービスが必要になって初めて施設介護と専門化サービスを選択する。したがって，必要な介護の段階によって居住者のニーズは異なり，そのニーズに応じて養老モデルが選択される。

3.3　高層住宅の現状と問題

(1)　ハード面の問題

　筆者の研究チームは2013年から2017年まで，北京の230の古い団地の調査を行い，居住実態のデータを集めた。北京市朝陽区の団地を例にして，1970，1980年代の住宅の多くは高層住宅であり，鉄骨造で，居住水準が低く，設備が粗末で，構造

が老朽化し，緑地が少ない（**図 -3.3.2**）。伝統的
な四合院と違って，閉鎖的で街との密着性が薄い。
共用部分では通路が狭く車椅子は通れず，住戸玄
関にバリアフリースロープがない。5〜6 階の中
層住宅にはエレベーターがなく，高齢者の上り下
りが困難である。高層，超高層住宅では担架の入
るエレベーターがなく，急病の時搬送の問題もあ
る。公共空間の少なさは地域のコミュニケーショ
ンの障害となっている。比較的早く建てられた住
宅の専有面積は小さく，空間構成は不合理で，寝
室はトイレから遠く，トイレがまだ水洗になって
いない住戸もある。台所は狭く，自宅専用の台所
がないケースもある。

　高齢者が外部空間と接するバルコニーは狭く，
家で運動する空間が足りないなどがあげられてい
る。さらに，床の遮音性の問題や水漏れ問題があ
り，断熱性が悪く，採光・通風が悪い。調査によ
り高齢者は電気を消費しない手段を優先し，夏の

暑い日には扇風機を第一に選択し，その次は窓を
開けて涼を取り，最後にエアコンを使うことが分
かった。

（2）　ソフト面の問題

　中国は 1980 年代初め，一人っ子政策を実施し，
人口規模を効果的に抑制すると同時に，中国特有
の「421」世代構造を形成した。1 人の子供と 2
人の両親，4 人の祖父母の構成である。これは 40
年後の今日，無視できない一連の社会問題をもた
らしている（**図 -3.3.3**）。

　まず 421 世帯構造は，扶養の割合が急速に大き
くなることを意味する。すなわち，少数者の「ピ
ラミッド」の中層労働力が，トップの養老責任と
下位層の育児責任を同時に負担する。一方，中国
のベビーブーム（1946〜1957 年）の出生人口は
老年段階に入り，しかも老年人口の期待寿命は絶
えず高まり，人口構造は「逆ピラミッド型」の高

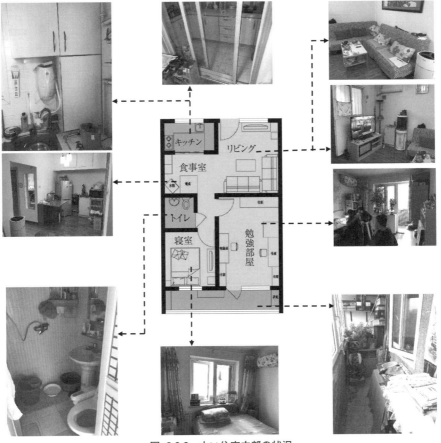

図 -3.3.2　古い住宅内部の状況

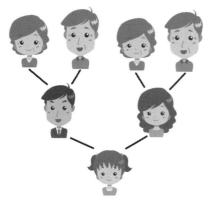

図-3.3.3　421 家族構成

齢化人口構造モデルを呈し，伝統的な世代間連帯の物質的基礎と社会心理的基礎を揺さぶった。

　コミュニティの面から見ると，世代間の関係の欠如は社会関係の萎縮をもたらす。家庭の面から見て，家庭の核家族化，小型化，空巣老人，留守児童などの現象が日々増えてきて，家庭内部の世代間の連絡が不足している。コミュニケーション障害を形成している。高齢化社会の現在，団地内のインフォーマルなケアシステムを確立することが困難であり，一方コミュニティにケアスタッフ，訪問サービス，支援サービス，ボランティアも不足している。孤独死は絶えず現れ，今後コミュニティがどのように対応し，サポートするかは，当面切実に解決すべき問題である。

3.4　古い団地のバリアフリー化

　高齢者の室内に滞在する時間は，健康状態の低下に伴って長くなる。住宅の住みやすさは高齢者の独立性と自主性に影響し，生活の質にも影響する。バリアフリー改造は既存の建築構造体を保持する前提の下で，住宅の機能と面積，住宅部品及びその補助設備などリノベーションによって，住宅全体あるいは局部の居住性能を高めることができる。

(1)　公共エリアのバリアフリー化改造
　公共エリアは建物の出入口，玄関ホール，廊下と階段を含む。出入口には雨よけと緩衝スペース

が設けられている。屋内外では高低差があるところに 1/12 のスロープが設けられ，滑り止めが施されている。廊下は 1.2 m の幅が求められ，突出物（配電箱，電気メーターボックス，消火栓）を統一的に配置する。階段の手すり，照明条件の改善，階数表示，エレベーターを増設は第一の要求となる。エレベーターの増設には階段の踊り場に連結するものと，住戸専有部分に連結するものの2種類がある。

(2)　住宅のバリアフリー化改造
　構造の安全性は住宅改造を実施する際の大前提である。すなわち既存の住宅構造体系の荷重を保持すべきで，建築面積を増加したり，機能空間の配置を変えることによって，適応性を高める。早い時期に建てられた住宅はレンガコンクリート造が多く，非耐力壁の一部が必要によって適切に位置を調整できるが，梁・構造柱と床など重要な構造の保護に注意する。高層建築の多くは壁構造のために改造時にこれを保護しながら，耐力壁以外の壁を柔軟に改造できるが，梁・構造柱との関係を注意する必要がある。高齢者が関心を持っているのは，機能空間の改善と居住空間の拡大，地面の滑り止め，手摺の設置，住宅内のシャワー設備の完備，自宅専用の台所の開発などである。

　1980 年代に建てられた住宅の大部分は1フロア3世帯，1フロア4世帯であり，住戸面積は狭く，快適性は低い。許容された場合，1フロア3世帯，4世帯を2世帯に変更したり，元の間取りに対し使用空間を増やしたりすることができる。

(3)　機能空間のバリアフリー化改造
　高齢者向けの改造をする室内空間の主要機能空間は，リビングルーム，寝室，トイレ，廊下，ベランダ，玄関である。高齢者の日常生活安全を保障し，高齢者を支えて基本的生活行為ができるようにするため，電気，換気，防音装置に対して改造を行う必要がある。空間制限に対する応急コールの使用や，インテリジェントな家具，感知設備などを設置する。

3.5　近年の取り組み

(1)　古い団地と高層住宅の整備

高齢者の需要を出発点とし，コミュニティの生活支援サービスを基礎とし，養老施設と住宅を結合し，在宅介護の基礎の上で，古い団地の特徴を取り入れ，住宅の改造，団地の公共資源を整合し，高齢者施設を完備し，在宅介護の質を高める。高齢者は家庭で暮らしの物質的な需要を満たすだけでなく，サービスと精神の面でも十分な世話と満足を享受できるよう努める。

高齢者が安心して自宅で住み続けるためには，研究の成果を踏まえると以下の措置を講じなければならない。

① 既存高層住宅の本体改造

介護付き，サービス付きの住宅に改造し，低層に生活支援サービスを増築すること（**図 -3.3.4**）。

② 老朽化した住宅内部のリフォーム

工業化技術および部品の応用により改善する。住宅内の滑り止め処理や，手すり，水洗トイレを設置する（**図 -3.3.5**）。

③ インテリジェント化

緊急通報装置を取り付け，地域とネットワーク化する。

④ 共用空間

バリアフリーエレベーターや，バリアフリー施設を増築，スロープ，手すりを設置する。

⑤ 地域生活支援システムの構築の強化

資源を調整し，介護施設，レクリエーション施設，医療施設の増建，改築など住みやすい環境を再構築する。古い建物を利用して小さなミニ養老施設に用途変更する。

(2)　地域力の増加

住居地域計画は，1950 年代から旧ソ連の影響を受けて，住宅地域，住宅団地，住宅グループの3段階から構成されており，2018 年に政府が新たに5分間生活圏，10 分間生活圏，15 分間生活圏，住宅街の4段階から構成される基準を打ち出した。高齢化社会への積極的な取り組みとして，歩行距離の時間を半径とした高齢者関連サービス施設を設置し，高齢者が自分の身体状況に応じて適切なサービス半径を選択できるようにしている。多くの団地が15 分間の生活圏内で高齢者向けのサービス展開をしており，例えば高齢者の食卓を設置したり，高齢者に食券を発給したり，また 60 歳以上の高齢者に無料バスカードを配り，無料でバスに乗ることができる，コミュニティ公園も無料利用することができるなど。団地の病院を高齢者専用にして，定期検査を開催し，健康，養生料理講座，コミュニティの養老拠点設立を奨励し，介護と家庭訪問サービス，給食サービス，入浴サービス，ホームヘルプサービスを一体化しているように整備する。

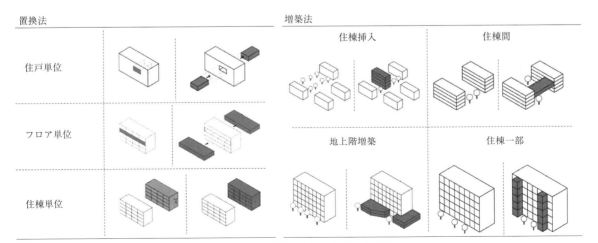

図 -3.3.4　古い建物のリノベーション方法

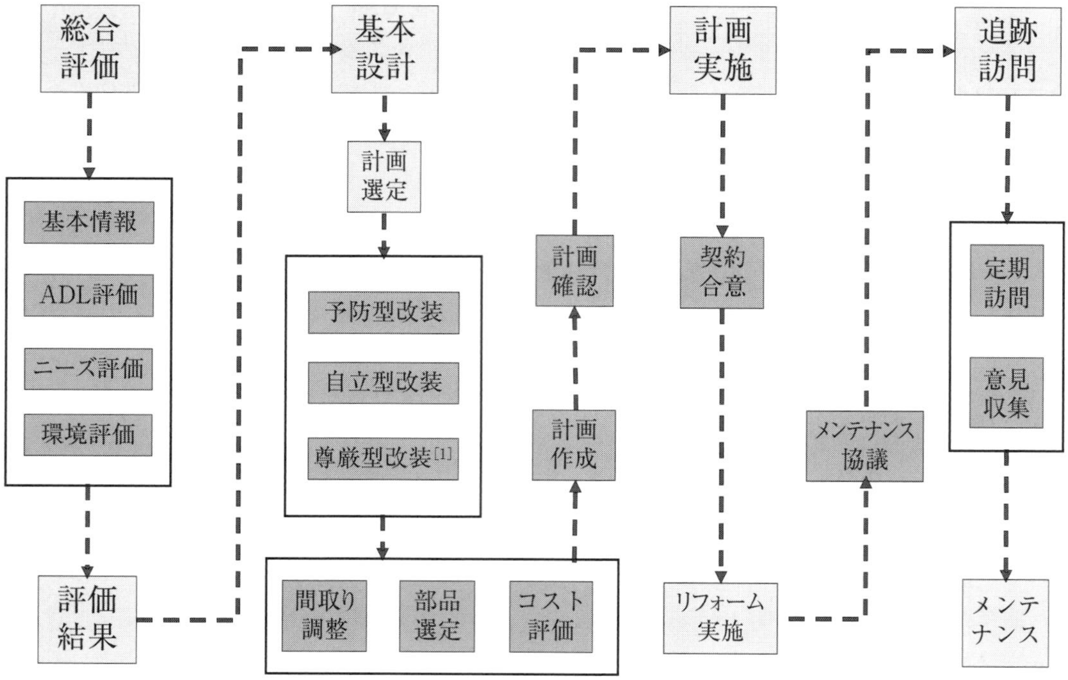

```
総合        基本                計画        追跡
評価        設計                実施        訪問
           │                              │
           ▼                              │
          計画                            │
          選定                            │
┌────────┐                    ┌────┐  ┌────┐      ┌────────┐
│ 基本情報 │  ┌──────────────┐ │計画│  │契約│      │ 定期   │
│        │  │  予防型改装   │ │確認│  │合意│      │ 訪問   │
│ ADL評価 │  │              │ └────┘  └────┘      │        │
│        │  │  自立型改装   │                     │ 意見   │
│ ニーズ評価│  │              │ ┌────┐          ┌──────┐│ 収集   │
│        │  │  尊厳型改装[1] │ │計画│          │メンテ ││        │
│ 環境評価 │  └──────────────┘ │作成│          │ナンス ││        │
└────────┘                    └────┘          │協議  │└────────┘
           ┌──────────────────┐                └──────┘
 評価      │間取り 部品 コスト │ ┌──────┐            ┌────┐
 結果      │調整  選定 評価   │ │リフォーム│          │メンテ│
           └──────────────────┘ │実施   │          │ナンス│
                                └──────┘            └────┘
```

図 -3.3.5　リフォームの詳細

（3）　世代間交流環境の構築

　世代間交流とインフォーマル支援を解決するために，幼老複合化施設の研究を取り込み，社会計画を強化しなければならない。団地内に高齢者，若者，子供が参加する屋内外の公共空間を整備し，さまざまなイベントを開催し，インフォーマル支援サービスの仕組みを構築する必要がある。

補注

　［1］　自立できない寝たきりの高齢者を対象とする改造。

参考文献

　1）　国家统计局：2020年中国发展报告——中国人口老龄化的
　　　发展趋势与对策，2020
　2）　于一凡，田菲：面向老龄化社会的城市应对，科学出版社，
　　　2019
　3）　陈喆，胡惠琴：老龄化社会建筑设计规划——社会养老与
　　　社区养老 机械工业出版社，2014

4 超高層住宅の特徴と暮らし ——台北市・新北市・桃園市の住宅政策の視点から

張志源 Chihyuan Chang（内政部建築研究所）

4.1　社会住宅に関する法令の現状

2018年3月末までに台湾（Taiwan）は高齢化率が14%を超える高齢社会になった。高齢者（65歳以上）の人口比率は上昇し続けており，高齢化と少子化という非常に厳しい問題に直面している。そして，国家発展委員会は台湾が2026年までに高齢者人口が全体の21%を超える超高齢社会になると予測している。2019年，台湾の行政院は「社会住宅全面推進政策」を発表しただけでなく，「政府内政部による一体化住宅政策」と「社会住宅発展計画」，そして「社会住宅におけるエスクロー（中立的な不動産実務の第三者機関）とチャーター（契約使用）に関するパイロットプロジェクト」も承認した。政府は4万世帯と4万戸のエスクロー・チャーター住宅の直接建設事業を2020年度の中期目標にしており，2024年までの長期目標として20万世帯の住宅完成を目指している。

台湾の社会住宅建設事業は過去に，予測される施工の質と入居する住人に対する偏見を端緒として，地域コミュニティによって拒絶された経緯がある。しかし，2007年に台湾の住宅法が家賃補助制度に取って変わったことにより，住宅政策の目標は「所有のための住宅」から「住人のための住宅」へと変更された。高齢化社会に入った今，さらなる長期に渡る変容が想定される。

台湾の社会住宅はまだ発展の初期段階にある。総体的な住宅政策は社会住宅事業の重要な枠組みとなっており，社会住宅を定着させるためのプログラムはその実施ガイドラインに含まれている。また，住宅法は社会住宅にまつわる大もとの法律であり，社会住宅に関する章はすでに活用されている。補助的な法律も社会住宅内にある施設につ

いての必要条件と社会福祉サービスの内容を定めているが，その一方，地域ケアの環境にまつわる内容は示されていない。

現在，台湾国内の住宅は「住宅法」を基にしており，「設計基準とバリアフリー住宅に対する優遇措置」にある規定は「住宅性能の評価に関する規定」から制度化されたものである。社会住宅に関する記載部分のバリアフリー化に関する必須事項は，主に「バリアフリー施設建設のための設計仕様書」に規定されており，一方で，社会住宅の環境を包括的に一般化することを段階的に促す「設計基準とバリアフリー住宅に対する優遇措置」は「バリアフリー住宅設計のベンチマーク（基準）」を通して実施されている。

「社会住宅」は「政府もしくは政府により奨励された民間部門によって設立された，賃貸用の住宅とそれに必要な付帯設備」のことを指している。最低でも30%以上の戸数が，経済的もしくは社会的に恵まれていない人々のための賃貸住宅として供給されるべきであり，決まった割合の住戸を，エリア外に住民票があるがエリア内に勤務・通学している生活者に向けた賃貸物件として供給するべきであると記載されている。「ここに示す恵まれない者とは，(1) 社会的・経済的に恵まれていない者（低〜中所得者，原住民族出身者など），(2) 障害者（知的障害，身体障害，精神障害を抱える者），(3) 恵まれていない層（ドメスティックバイオレンスの女性被害者，災害被災者，ホームレスなど）とする」とある（内政部，2017年）。

また，次のような特徴がある。(1) 社会住宅が所在するエリアを対象とした公共サービスの質を高めるため，社会住宅の一定部分を，社会福祉サービス，介護サービス，心身障害者サービスに必要な付帯施設として確保すること。(2) 賃借人

の心身の状況，家族構成，その他の必要な条件について考慮し，適切な施設や設備，および社会福祉サービスを提供すること。(3) 社会住宅の運営と管理は，実際のニーズに基づき，オーナーもしくは委託された不動産管理会社や関連のサービス事業者が行い，文化・娯楽活動や地域活動，ケータリングサービス，適切な照会サービス，その他賃借人のニーズに合ったサービスを有料により提供してもよいこと（内政部，2017 年）。

　「社会住宅施設と社会福祉サービスの供給における援助プロジェクト」によると，社会住宅内の設備は次を含むべきとある。(1) バスルームにはバスタブとシャワー器具，トイレ，洗面台，鏡，タオル掛け，手摺り。(2) キッチンには調理器具，キッチンカウンター，レンジフードとガスコンロ一台（もしくは複数台）など。しかし，単身者向けユニットはキッチンが必要ない場合もある。(3) 物干し台が団地の中心部に設置してあれば，各戸それぞれに物干し台を設置する必要がない場合もある。(4) 給湯設備が団地の中心部に設置してあれば，各戸それぞれに給湯設備をつける必要がない場合もある。(5) 施設もしくは設備が障害者に利用される場合，バリアフリー設備や器具。(6) さまざまなタイプの住戸に適した有線・無線テレビ，電話，その他の配管系設備，電源コンセント，ランプ，スイッチと緊急インターホンシステム。(7) 出入口に利用者制限を可能にする装置。(8) インターフォンとセキュリティー監視システム。

　「社会住宅のために必要な付帯施設の事業項目と規模」[3]には，次の記載がある。社会住宅の建設計画および設計を行う前に，責任機関もしくは民間セクター，およびその社会住宅が建設される郡（市）や地方自治体の対象事業の規制機関に対して，付帯施設・設備に必要なサービス業項目とスペースおよび資金調達方法を提供し，全体の計画や建設に反映することを求めている。規模に関する基準値の設定については，対象事業者の監督官庁の定めるところにより取扱うものとし，住宅の収容人数を計画するにあたっては，1世帯につ

表-3.4.1　台湾の社会住宅のための付帯施設のサービス項目[3]

番号	計画収容人員＼サービス項目	300人未満	300〜600人未満	600〜1500人未満	1500人以上
I	社会福祉サービス	✓	✓	✓	✓
II	障害者（身体および精神）向けサービス	✓	✓	✓	✓
III	ケータリングサービス	✓	✓	✓	✓
IV	介護サービス	✓	✓	✓	✓
V	文化・レクリエーション活動	✓	✓	✓	✓
VI	地域活動	✓	✓	✓	✓
VII	商業活動	✓	✓	✓	✓
VIII	幼稚園	✓	✓	✓	✓
IX	保育サービス		✓	✓	✓
X	若手起業支援のスペース				✓

き3人，単身者向け住戸は1人を基準にする。

　サービス項目を社会住宅に組入れるかどうかは，社会住宅が立地する地域の許容戸数，計画されている収容人数，公共サービスの質によるものとされ，これらの評価は，公表されたサービス項目の範囲内で行い，責任機関と対象事業の規制機関との協議により決定するものとされる（表-3.4.1）。台湾の社会住宅のための付帯施設は，法令に基づき，多様なサービスを提供していることが見出される。これらサービスには社会福祉サービス，障害者サービス，ケータリングサービス，介護サービス，文化・娯楽活動，地域活動，商業活動，幼稚園，保育サービス，若手起業支援のスペースなどが含まれている。

4.2　社会住宅の発展の動向

　ここまで示してきたように，台北市の社会住宅は主に経済の循環および公共的な都市再生を重視している。これにより経済，環境，社会の3つの側面を組合わせ，革新的なビジネスモデルを通して持続可能な発展を目指している。そして，公的な都市再生のもと，社会住宅がエリアの再生を促すことが期待されている。

　「2018 年度台北市社会住宅展」において，台北市政府は社会住宅の建設事業を「スマートコミュニティにおける社会住宅」のプロジェクトとして，

実験的な分野に位置付けていることを提示した。この展示会では，見積総額44.9億新台湾ドルの建設費をかける13の社会住宅プロジェクト（7 141戸を含む）の計画が披露された（**写真 -3.4.1**）。

　社会住宅に対する負の印象を払拭し，周辺地域の住民に受け入れられるよう，建設予定施設には，環境モニタリング，安全・防災，スマート統合管理プラットフォーム，駐車場管理，スマートホーム管理システム，情報コミュニケーションシステム，医療，画像監視システムなどに重点をおいた施設となっている。ヘルスケア拠点の設置やヘルスケアの携帯アプリ，環境モニタリングのためのスマートファーム，財産管理システム，スマート統合管理プラットフォームのアプリ，スマートホームのための点検修理など，地域ケアに関連するヘルスケア関連ツールが提供されている。さらに，台北市政府都市開発局への取材から，台北市は保育所や高齢者向けデイケアセンター，障害者福祉施設，障害者サービスクラブ，地域住民（近隣オフィスを含む）のための活動センターを提供しつつあることが見出された。

写真 -3.4.1　2018年度台北市社会住宅展

4.3　台湾の建設技術基準「建築設計及び施工編」に記載されている高層建築物に関する特別な章

　台湾の建設工業規則「建築設計及び施工編」の第12章は，高層建築物に関する特別な章となっており，227条から233条に関連規定が定められている。主な内容は以下の通りである。(1) 高層建築物とは，高さが50 mあるか，合計16階超ある建物を指す。(2) 高層建築物の延床面積の保留地に対する割合は，商業地域では30 ％以下，住宅地域およびその他の用途地域では15 ％以下とする。(3) 高層建築物は落下物曲線に応じて，外壁を敷地境界線から後退させる必要がある。高さ50 m未満の建物部分については免除する。落下物曲線の距離は，基礎の地盤面から建物の各部分の高さの平方根の2分の1である。

　(4) 高層建築物は，人の出入り，車両の乗降，荷物の取扱いのための緩衝空間を特別な出入口として基部に設置する。緩衝空間の幅は6 m以上，長さは12 m以上にする。頭上が覆われているものに関しては，その覆いの高さは3 m以上でなければならない。

　(5) 高層建築物では，2階より上の各階に非常口を設ける。16階以下の建物，または1階の高さが50 m未満の建物，幅4 m超ある道路またはアクセス道路に面した建物，もしくは各階の外壁に10 mおきに窓などの開口部がある建物は，この要件を免除する（内政部，2020年）。

4.4　ケーススタディー

(1)　台北市興隆地区1の社会住宅

　台北市政府都市開発局が出資者であり，東方美学管理有限公司が管理するこの社会住宅は，鉄筋コンクリート造の地上19階，地下3階の建物2棟から構成されている。4タイプの住戸プランがあり，スタジオ（24戸），1ベッドルーム（112戸），2ベッドルーム（112戸），3ベッドルーム（24戸）の合計272戸が賃貸住戸として提供されている。

現地調査から，この住棟には次のような特徴が
みられた。(1) 屋内空間：一般的なキッチンが設
置されている。配管系設備は壁の表面に設置され，
スマートグリッドが組込まれている。(2) 共用空
間：屋根にソーラーパネルが，階段とホールに電
子掲示板が設置されている。グリーンビルディン
グ制度のシルバーグレードを取得している。地下
に電気自動車の充電スペースとバリアフリーの
オートバイ駐輪場が設置されている。(3) 地域ケ
アのための空間：屋上のルーフガーデンには住民
のための菜園が設けられている。(4) 居住管理：
管理・保守の装置を備えた管理センターが設置さ
れている（**写真 -3.4.2**）。

(2) 台北市興隆地区 2 の社会住宅

台北市政府都市開発局が出資者であるこの公的
住宅の特色は，高齢者向けデイケアセンターや地
域ケアセンター，保育園，作業場，障害者のため
のグループホーム，若年者のための自立支援ホー
ムなど，さまざまな福祉施設が入居していること
である。

現地調査から，デイケアセンターの運営はレッ
ドハートアソシエーション（Red Heart Associa-
tion）が引き受け，次のような特色が見出された。
(1) 食堂では，高齢者が食事をしながらしい友人
をつくることができるような，給食サービスが提
供されている。(2) 室内空間は懐かしさを感じる
ようなデザインにしている。認知症の高齢者の徘
徊に配慮した介護上の工夫がされている。そして，
高齢者にとって慣れ親しんだ過去の生活シーンに
安心感を抱くことができるよう，昔っぽく演出し
た広場がある。(3) カラオケ教室，音楽教室，演
劇教室など，高齢者が楽しく社会生活を送れるよ
うな交流サークルが開かれている（**図 -3.4.3**）。

(3) 新北市中和区の若年者向け社会住宅

新北市政府都市農村開発局が出資者となり，
ゴールデンエンタープライズ（Galeon Enterprises
Co.,Ltd.）が管理するこの社会住宅は，新北市青
少年住居運営課による譲渡案件である。市行政と
管理会社の間に 70 年間にわたる契約が交わされ
ているケースで，次の特徴がある。(1) 室内には
造付家具が設置されており，一般的なキッチンを
採用し，配管系設備は壁の表面に設置されている。
(2) フィットネスセンター，子供の遊び場，共用
キッチンや教室など，多種多様な共用施設がある。

写真 -3.4.2　台北市興隆地区 1 の社会住宅

写真 -3.4.3　台北市興隆地区 2 の社会住宅

(3) 地域ケア用のスペースとして，公立保育所と市民活動センターなどがある。ただし，高齢者や障害者向けの地域ケアのスペースがない。(4) 不動産管理事務所が入居前，入居中，入居後の維持・管理に対応している（**図-3.4.4**）。

(4) 桃園市八徳区基地 No.1 の公的住宅

桃園市政府都市開発局が出資者のこの社会住宅は，地下3階地上18階の3棟により構成されている総戸数418戸の集合住宅であり，6区画の商業スペースと1区画の住民のための活動拠点が含まれている。

3タイプの住戸プランがあり，1ベッドルーム（152戸）・2ベッドルーム（170戸，うち10戸はバリアフリー対応）・3ベッドルーム（96戸，うち2戸はバリアフリー対応）により構成されており，以下の特徴がある。(1) オープンスペースはデザイン面で工夫されている。公的住宅の北側は緑化された歩道により近隣の従前の家並みとつながっており，西側は活動スペースとして利用されている。南側は自転車専用路と住民活動センターがあるオープンスペースになっている。(2) この集合住宅は住居性能診断に合格しているだけでな

く，グリーンビルディング制度のゴールドグレード認証とスマートアーキテクチャー制度のブロンズグレード認証を得ており，耐震面，バリアフリー面でも評価されている。(3) 住民活動センターにはケータリンサービスを受けられるスポットがあり，1階には屋根のついた作業場が設けられている。福祉資源は周辺地域と共有している。

なお，ゴールドグレードのグリーンビルディングを設計する際に主に考慮するポイントは，以下の通りである。(1) 緑化された歩道や広場，緑が積層する植栽，テラスガーデンなど，緑化にかかわるデザイン。(2) 基礎の周辺に設置された雨水貯留槽。(3) 環境に配慮したグリーン建材の使用。(4) 省エネのためのエネルギーマネジメントを取入れた夜間照明。(5) 屋上に設置された太陽光パネル。(6) BIM モデルを利用した建築設計における環境シミュレーション（**図-3.4.5**）。

4.5　結　び

社会住宅の建設事業は台湾にとって新しい分野である。社会住宅事業のもととなる法律である「住宅法」には，社会住宅についての特別の章が設けられており，その章に社会住宅の施設と設備，そして社会福祉サービスとその中身が記載されている。社会住宅事業は新規建設と賃貸管理のふたつに区分することができる。新しい社会住宅が建

写真-3.4.4　新北市中和区若年者向け社会住宅

写真-3.4.5　桃園市八徳区基地 No.1 の社会住宅

設される一方，台湾の人口の急激な高齢化に伴い，要介護者の数も増加している。現時点において高齢者および障害者向けの地域ケアを提供している社会住宅は，ハードとソフトのバリアフリー化においてまだ改善の余地がある。これからは，認知症や視力・聴力の低下といった症状を持つ高齢者の環境的なニーズにも配慮しなければならない。

　台湾の社会住宅を建設計画の視点から分析すると，学校教育や若年層の就職のニーズにも目を向けて，徐々に考慮しつつある様子が見られる。機能面では，グリーンビルディングやスマートビルディング，一般の施設を重視し，そして，若年者の起業支援センター，ケアセンター，屋根付きの作業場，公共福祉の計画への配慮が見られる。社会住宅と地域ケアの環境をいかに融合させるかについては，高齢者や幼児，女性，移動が困難な人などのニーズに対応できる環境設備の採用を検討するよう提言されている。

　筆者独自の調査によると，これまでの台湾政府直属の社会住宅の管理機関は人材不足であった。社会住宅における社会福祉のための空間設計には，さらなる人材が必要である。今後，どのような設備が必要とされているのかを把握できるよう，社会福祉管理局と建築関係者のつながりを強化する必要がある。

　台湾の住宅価格高騰の問題が短期間で解消しない以上，地方自治体が抱える社会的貧困の問題はますます深刻化することになる。現在，社会住居は「売るのではなく賃貸のみ」という方針を強調している。それは，人々の住宅購入の問題を解決するためではなく，介護の必要性から住宅を市場で得ることが困難な不利な立場にある人々（弱者）に対応することを目的としている。

　このアプローチによって，これらの不利な立場にある人々は，多様な住居を市場価格よりも低い家賃で借りることができ，また，導入された社会福祉サービスの恩恵を受けることができる。社会住宅事業は投資の面でも持続しやすく循環させやすい。グローバル化の影響や高齢化の到来に伴い，住宅の公正化と地域ケアは地域行政にとってます

ます重要な課題となっており，この社会住宅事業へのアプローチは部分的ではあるが一つの解決策の一端となるであろう。

　現地でのケーススタディーやインタビューを通して，社会住宅の政策ははじまったばかりであり，関連する各郡・各市の社会福祉のレベルでは，まだ多くの施設や設備に手を加える必要があることを見出した。そして，社会福祉と建設資源を統合し，政府政策の最盛期である今の機会を逃さずに，介護2.0計画に関する仕組み（例えば，C基地）を構築する必要がある。

　今後，地域行政としては，海外の社会住宅の管理運営モデルを参考にして，社会住宅の建設や民間の空き家を活用する策を練る必要がある。地域行政は第三セクターを通して各種業界と協力し，不利な少数民族や若年者，低所得者層の保護に努めるべきである。低所得世帯の住宅ニーズや地域ケアの問題に目を向けることにより，地域施設と地域ケアおよび社会住宅の建設を結びつけた取組みができる。

参考文献

1）　内政部：2020年，台湾の建設技術規則「建築設計及び施工編」台湾：中華民国法令データベース，2017，2020年10月29日閲覧（中国語）　https：//law.moj.gov.tw/LawClass/LawAll.aspx?pcode=D0070115

2）　内政部：「住宅法」台湾・台北市：中華民国法令データベース，2017，2020 年10月28日閲覧（中国語）　https：//law.moj.gov.tw/LawClass/LawAll.aspx?pcode=D0070195

3）　内政部建設計画庁，台北・台湾：社会住宅に必要な付帯設備のサービス項目と規模，2017（中国語）

超高層住宅の未来絵図

超高層住宅の未来絵図——第4部の概要

第4部までの道のり

　戦後の高度成長期にスターとして登場した日本の超高層住宅は，いまや建築ストックとして「建築の老朽化」「居住者の高齢化」の「2つの老い」に直面している。本書は日本での将来像に向けたヒントを求め，共用空間にとくに着目し，2016年よりアジア4都市の超高層住宅の計画特性と居住者・生活特性の調査研究を行い，その成果をもとに論じてきた。

　第1部では，そもそもの超高層住宅の基本特性，日本における計画特性と居住者・生活特性を述べた。具体的には，超高層住宅には5つの基本特性と細項目があり，着目される特性は時代と共に大きく変わってきていた。また，日本の気候と地震の多さ，技術の進歩と法制度などの違いから，固有の特徴を持ちながら進化を遂げてきていた。そして，立地で違いはあるが居住者の基本は普通の世帯であるが，高齢化に関わる特徴と課題も有していた。

　第2部では，アジア4都市に目を転じ，各都市ごとに超高層住宅の計画特性と居住者・生活特性を述べた。具体的には，それぞれが辿ってきた大きな時代の流れと，関連する自然・経済や土地・住宅の事情の違い。そしてそれらの中で形成された，中間階のスカイガーデンなどの共通して見られる空間と，都市ごとで異なる固有の特徴を見た。居住者も調査対象事例の分譲・賃貸の差はあるが，活発な屋外の共用空間の利用，および共用空間の位置と利用者数の関係性を見出した。

　第3部では，これら4都市の超高層住宅の「大きな固有の特徴」を更に深堀りする形で，それぞれの特徴に明るい現地の専門家が，各専門分野の視点から論じた。具体的には，シンガポールは都市計画，香港は公的住宅供給・計画，北京は高齢者住宅計画，台北は社会住宅の計画と制度である。

各都市の特徴は，その背景にある地理的特性や政府の戦略，住宅事情や歴史的過程，各都市の住宅政策と社会制度と密接に関連していた。

　以上の第1部から第3部を，これまで実施してきた調査研究別の縦割り構成とするならば，第4部は計画課題・政策課題・未来像という3つの視点からの横串刺し型の構成となっている。各章に込められた思いは次の通りである。

超高層住宅と計画課題（1章）

　地理・気候や社会の仕組みが大きく異なる都市で展開されている超高層住宅について，日本が示唆を得るに値する計画手法があるのだろうか。しかし，確実に日本の「当たり前」を大きく超えたものがそこにある。日本の地理・気候・社会との関係もにらみ，それらの計画手法を日本への挑戦と受け止め論じる。

超高層住宅と政策課題（2章）

　超高層住宅は常に社会の中で生きている。社会とは住宅市場での位置づけ，管理の仕組み，関連する法制度などである。日本と異なった社会の中で生きているアジア4都市の超高層住宅という現象を読み解き，日本の超高層住宅の建築と社会の将来課題を論じる。

超高層住宅に未来はあるか（3章）

　果たして超高層住宅の未来はあるのだろうか。来し方を振り返ると，超高層住宅の位置づけは様々な領域で可能であり，現在までの軌跡や課題を描くことができる。取り巻く環境も地球環境問題など多岐にわたりまったなしの状況である。アジア諸都市との関係も視野に入れ，大いに未来を論じる。

1 超高層住宅と計画課題

第3部までに述べたアジア4都市に見られた超高層住宅の特性から日本の超高層住宅の立ち位置を，またその中でとくに共用空間の計画手法や利用に着目し，日本のこれからのあり方に示唆を得るケースを抽出・整理し，日本の超高層住宅の計画課題を考える。

1.1　アジア4都市と日本の計画に係る構図

(1)　都市の与条件と超高層住宅の目的

第2部冒頭「アジア4都市の計画特性と生活」では表-1をもとに，各都市のさまざまな環境特性から超高層住宅の意味を論じた。図-4.1.3の左にはこの時の議論の主要なキーワードを示し，かつ日本における特性を下段に加えた。各都市の与条件は大きく異なり，その結果高層・高密度な建築形態は同じだが超高層住宅の目的はかなり異なっている。日本の超高層住宅を民間住宅と公的住宅に分けると，今日の住宅は北京（民間）とおおむね似た状況であり，国が土地の高度利用を大儀として制度面で後押しをしている。

(2)　共用空間

スカイガーデン以外の共用空間の特徴に着目すると，シンガポール・香港・台北では都市の与条件に対応する手段としての公共財的性格を持っている。これに対し，北京と日本では民間事業の中での選択的手段であり，その実現は民間デベロッパーの判断に委ねられている。（北京や台北は設置基準があるとの情報もある）ここでの共用空間の目的は，民間プロジェクトとしての差別化である。

一方，日本の固有の取り組みとして，東日本大震災以降の行政による大規模災害時マニュアルづくりの推進がある。2000年前半に販売された首都圏の事例 [1] では，共用空間はその時の活動拠点として位置づけられていることが多い（図-4.1.1）。また，共用空間では季節ごとのイベントや居住者のサークル活動が行われている（図-4.1.2）が，前者は大規模災害時の速やかな活動を可能とするために顔見知りを増やすことが大きな目的となっている。このように日本の共用空間は，居住者の親睦を深めることに加え，防災上の役割も担っており，「地域資源（建物）」としての意味も持っている。

(3)　高齢者対策

今回着目した香港と台北の超高層住宅は，公的

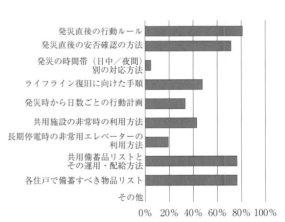

図-4.1.1　大規模災害時のマニュアルの内容（N＝21：MA）[1]

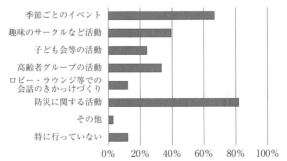

図-4.1.2　居住者のコミュニティ活動の取り組み（N＝33：MA）[1]

賃貸住宅であるため，行政による高齢者対策と住宅計画・サービスが不可分の関係にある。しかし，他都市では以上論じてきた事項と高齢者対策は別系統の取り組みとなっている。なお，「はじめに」1章で述べた「2つの老い」のうち「建築の老朽化」については，アジア4都市で現時点で特段の取り組みは見られず[2]，これから日本が解決すべき固有の課題であることがわかる。

1.2　計画上の方向性

　各都市の超高層住宅では多様な挑戦的ともいうべき計画手法が見られたが，空間がうまく機能するための方向性がいくつかあった。

(1)　共用空間計画
a.　主動線や他機能との重ね合わせ

　シンガポールのピナクルと台北の D2 のスカイガーデンは高層階にある複数棟の横移動の主動線

であり，かつ共に集会室等をその動線に隣接させている。これらは利用の獲得には一つの優れた手法である。

b.　別系統の要件との整合性

　共用空間の利用は，別系統の求められる要件と密接に関連しており，この状況いかんにより利用自体が制約されることがある。例えば，火災時安全性やセキュリティがこれにあたり，前者については，ピナクルと D2 のランニングコースは火災発生の燃え草が置かれないようにする手法でもある。後者については，香港の民間事例のスカイガーデンや D2 のランニングコースのように，手すりにガラスを使いかつそれに沿って植栽帯を設けることにより，外部への視認性を確保するとともに，外部から緑の見えるファサードを実現している（**写真 -4.1.1**）。

c.　利用方法としつらえ

　基本は共用空間の利用方法とその利用価値であり，例えば眺望（高さ），緑化などの環境，し

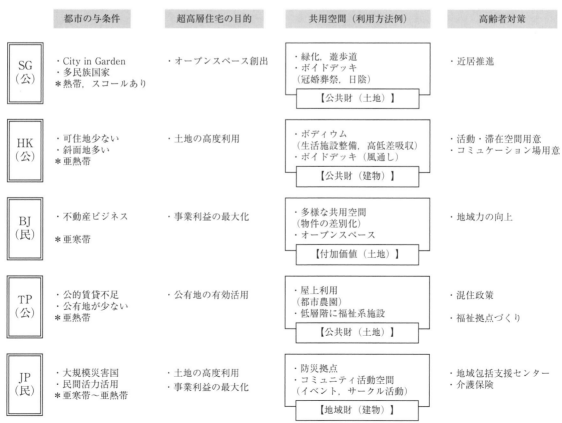

図 -4.1.3　アジア 4 都市と日本の計画に係る構図

写真 -4.1.1　ガラスの手すりと緑（HK）

つらえの魅力がある。しかし利用者の幅や機能も重要で，香港の Lam Tin Estate の外部空間のしつらえは幅のある年齢層に対応し，台北 2 事例の屋上農園は居住者の能動的な働きかけ，および植栽の維持保全という管理上のメリットを実現している。また定常利用だけではなく，特定の日や時間帯に焦点を当てた考え方もありえる。例えば，SOHO 現代城・住商棟の 4〜5F ごとにある芸術作品が置かれたスカイガーデンでは竣工後長期に渡り芸術イベントが開催され，しばらくはにぎわいの場となっていたし（設計者談），現在は昼食時に販売屋台も現れるなど日常の生活空間として機能している。

（2）　関連する運営・管理
a.　管理とセキュリティの機能複合
　シンガポールの植栽のメンテナンスには日中多くのスタッフが作業をしているが，彼らは防犯のための路上観察者の役割も兼ねていると評価できる。
b.　コミュニティ形成と生活サポートの連動
　台北の社会住宅では多様な居住者枠が設けられているが，青年活動枠の居住者が居住者間のコミュニティや高齢者のサポートに大きく貢献している。このようなソフトな仕組みの連動は着目に値する。

1.3　性能面からみた計画課題

（1）　安全性確保のための基準
a.　火災時の安全性
　縦方向の避難について，アジア 4 都市に共通して見られるものに避火層（Refuge floor）があった[3]（表 -4.1.1）。日本でも建築の高層化の時期に火災に対する安全性への懸念から検討された形跡はあるが，結果的に基準化には至っていない。逆に日本では，横方向の避難，例えば住戸内の二方向避難確保のために，バルコニー側の避難ルートが厳密に計画・管理されている。これは防犯性重視からバルコニーがほとんど計画されない香港，竣工後住戸の一部にバルコニーが取り込まれるケースが多く見られる台北などとは対照的である。
　火災時の避難の基準は，各都市で発生した重大火災事故やライフスタイルの変化など，属地的要因による対症療法的対応が少なくないが，避火層が現代日本において生活上・防災上で何らかの形で価値を生むのであれば，検討する価値は十分あるだろう。
b.　大規模災害時の対応
　地震大国である日本は，耐震性能については厳しい基準を持つ。今回の調査対象の中で地震が多発する都市は北京と台北であるが，日本はこれに加え東日本大震災で体験した一時的な生活困難な状況への対応の問題がある。近年大規模災害時の共用品備蓄が進められているが，その備蓄空間確保やルール作り，災害時の共助の仕組みづくりなどは日本固有の必須の検討課題である。避火層も

表 -4.1.1　アジア 4 都市の避火層の設置基準[2]

都市	階	高さ	避難層の間隔	面積等の条件
シンガポール	40階以上		20階以下	各階の50%以上 0.3 m²/人*以上
香　港	40階以上		20階以下	各階の50%以上 階高2.3 m以上
北　京		100 m以上	50 m以下	5 m²/人*以上
台　北	36階以上		20階以下	1 m²/人*以上 階高2.4m以上

＊　避難層より上の階の合計人数

含めた共用空間はこれに応える手段となり得る可能性がある。

c. 防犯性

日本で共用部分にオートロックが広く一般に設置されるようになったのは1990年代である。これに対しアジア4都市では，有人の警備システムとともに日本に先行して設置が進んでいた。近年日本では，アジア4都市にも見られるICカードキーがEV停止階を限定する形でしばしば見られる。しかし，高齢社会や災害時のコミュニティが重要な日本では，このようなシステムは居住者の孤立化や相互の顔見知り度低下を招くリスクの方が大きい。一方，アジア4都市ではスカイガーデンの入退出管理にICカードキーが利用されている例が見られた。このように共用空間の利用に関連づけ，利用の拡大や居住者コミュニティの輪を拡げるような方向であれば積極的な活用方法が望まれる。実際，日本では隣接する複数の超高層住宅間で，共用空間の相互利用を行っている事例がある。

d. 有事の対応

方法の違いはあるが，有事の対応が取られていた都市が見られた。日本はこれまでこのような対応には無頓着であったが，将来的には考えなくてはならないかもしれない。ただその場合，有事対応用の空間を日常空間としてどう利用するかがポイントになるだろう。

(2) 快適性実現のための機能
a. 住棟内共用空間

代表格はシンガポールや香港に見られたスカイガーデンであり，設置が義務づけられた避火層を

発展させ，住まいの魅力付けに活用しているケースがあった。また，台北では屋上が積極的に活用されていた。ただ，これらは熱帯/亜熱帯の気候に適合したものとも理解でき，日本に適した形態や利用方法を考える必要がある。

b. 低層階のボイドデッキ

シンガポールでは多民族性の受け皿や日影空間，香港では風通し確保など，各都市の特性に応じた役割を果たしていた。日本でもボイドデッキが実現されているのは広島基町高層アパートなど少数であり，利用方法も店舗や駐車場である。低建蔽率の超高層住宅だからこそ，より日常生活に直結する空間として活用を考えたい。

c. 地上レベルのオープンスペース

日本のオープンスペースは公園・子どもの遊び場や緑地が定番で，近年少子高齢化の中で子どもの姿は少なく，高齢者の憩いの場ともなり得ていない。これに対しアジア4都市のそれは大変賑わっている。気候とライフスタイルの違いはあるが，人が心地よく過ごすことのできるしつらえがあった。日本のオープンスペースも，このようなケースを参考に，高齢社会に応える改善が必要がある。

(3) 健康性実現のための設え・仕組み
a. 全年齢層対応

シンガポールのスカイガーデンや緑道，他都市の公園に設置された健身機器は，幅広い年代層の健康づくりの受け皿となっている（写真-4.1.2）。また，居住者に定着している朝夕の散歩や体操というライフスタイルが，これらの空間に賑わいを

ランニングコースと健身機器（SG）

健身機器で友だちと過ごす（HK）

健身機器の周りで談笑（HK）

写真-4.1.2 健康性のためのしつらえ

与えている。日本の事例にも同様のしつらえはあり，日本人が健康に無関心なわけではない。しかし，空間と健康づくりを結びつける行為に対する積極性は乏しい。

b. 高齢者対応

日本も高齢社会を迎え，地域包括ケアの時代になったが，このための住環境づくりはまだまだ途上である。一方，アジア 4 都市は低高齢化率の中で，高齢者向け施設の整備は不十分であるが，高齢者も含めた全年齢層向けの住環境づくりの点では一歩先を行っている感がある。シンガポールの用途複合開発，香港の地域活動の取り組み，台北の混住政策など，日本が示唆を得る取り組みは少なくない。

(4) 社会性としての環境配慮

a. 緑化基準

アジア 4 都市はそれぞれ**表 -4.1.2** に示す緑化基準を持ち，日本も近い内容の基準を持つ。ここでの緑化面積は中間階のスカイガーデンや屋上緑地部分も対象とされるため，低建蔽率の超高層住宅では積極的に緑化がなされる。日本でも更なる緑化の促進が期待される。

b. 水辺空間

とくに民間の超高層住宅で，アジア 4 都市で頻度高く登場するのが水辺空間である（**写真 -4.1.3**）。例えば，シンガポールの民間住宅では屋外プールと水のオブジェは必須アイテムの感があり，常夏の気候に適したデザイン要素である。香港と台北は屋外プールは時々登場するが，亜熱帯気候のため利用期間は限られる。北京も含めた中国ではむしろ目で楽しむ水辺空間が頻度高く登場し，多くの人が朝夕その周辺を散歩する。これに対し日本では屋外プールや水辺空間はまれに登場するが，後者はある時期から水難事故の影響で無粋な手摺で囲まれるため避けられるようになった。管理費

表 -4.1.2　アジア 4 都市の緑化基準

認証制度	GREEN MARK	BEAM Plus	緑色三星	Green Building Label
誕生年/開発国	2005年/シンガポール	2010年/香港	2006年/中国	1999年/台湾
組織	BCA シンガポールの管轄行政	HK GBC	中国 建設省	内務省ABRI（台湾内政部建築研究所）
内容	建物全体だけでなく，建物内のオフィス，レストランや小売，スーパーマーケット，データセンターの認証に加え，建物以外で公園やインフラまで認証するツール。	ライフサイクル全体にわたる建物の全体的なフォーマンスの評価を行うツール。	地球環境の保護，地球資源の最大限の有効活用，環境汚染の防止等を目的としている。	エコロジー，省エネ，廃棄物削減，健康のニーズを十分に満たすことができる。高温多湿の台湾の亜熱帯気候特性に基き開発されている。二段階評価により，より良いパフォーマンスができる建築物を目指すことができる。
主要利用国	シンガポール，インド，中国，マレーシア，中東，他	香港	中国	台湾
認証区分	新築建物 既存建物	新築，既存建物，インテリア，近隣開発	住宅建築 施設建築	基本，住宅，工場，既存の建物の改修，コミュニティ

住棟 1F 水辺と緑（SG）

水のオブジェ（SG）

目で楽しむ水辺と散歩道（瀋陽）

写真 -4.1.3　環境配慮のための要素

壁面を利用したスカイガーデンの屋外シアターコーナー（SG）	屋上大階段を使った展望スペース（HK）	1F ピロティの屋内庭園（BJ）

写真 -4.1.4　アイデアあふれる共用空間・施設の利用方法

はかかるが，湯につかる入浴形態や温泉好きの日本では，温浴施設等の屋内型施設が適しているかもしれない。実際に事例もある。

(5) 課題検討に向けた着眼点

超高層住宅の計画において，実現性向上のためには，いくつかの着眼点がある。

a. 利用のデザイン

空間の専用が可能なのは，利用頻度が高いか重要な利用方法で，他用途との兼用が難しい場合である。しかし，限られた延床面積の中でこの利用の選択肢は限られる。先述のシンガポールのピナクルの 25 階スカイガーデン，台北の D2 の 13 階にはランニングコースのように，1 つの利用に複数の機能・役割を与えることができれば，実現しうる選択肢の幅は拡がる。

b. 時間のデザイン

24 時間 365 日その用途が成立するには，一定量の需要や収益性の確保が不可欠である。しかし，用途によっては特定の日・時間に重点的に利用が発生するものがある。例えば，各都市で早朝に見られる太極拳，現代城・商住棟のスカイガーデンでの昼食販売屋台。オープンスペースでのイベント，日本の縁日の出店などもこの類であろう。a.とも通じるが，限られた日・時間に利用を特化した形を考えると，利用の選択肢の幅は拡がる。

c. 体制のデザイン

用途成立には，それを支えるスタッフが必要な場合がある。しかし，これが正規雇用となると経営的負担も大きい。高いスキルを要しない場合や限られた時間の対応であれば，他の仕事との兼務やボランティア的対応は可能である。例えば，台北の D2 の青年活動枠メンバーは通常の仕事に合間に団地のコミュニティ活動にかかわっており，居住者との良好な人間関係の構築にも寄与している。このように，業務内容によっては兼務の形で用途を支えるマンパワーを調達することができる。

d. 利用方法のデザイン

共用空間の利用方法の開発である。アジア 4 都市では，**写真 -4.1.4** のような利用方法の例が見られた。各事例の立地や居住者層を踏まえ，居住者ニーズと管理方法と連動しながら，さまざまな利用方法のアイデアを出す余地はまだまだある。

補注

［1］ 2000年前半に販売された首都圏の超高層住宅を，竣工後20年が経過した2021年の状況を調査した結果である[1]。
［2］ シンガポールや香港では，古い集合住宅の大規模改修の取り組みは行われているが，まだ超高層住宅は本格的には改修の対象時期に至っていないようだ。
［3］ 避火層は超高層住宅すべてにある訳ではない。この設置は住宅のコストアップにつながるため，香港の公的住宅，北京の民間住宅，台北の社会住宅はこれが求められない40階未満のものがほとんどである。

参考文献

1） 高井宏之，鈴木雅之，前田昌弘：超高層集合住宅における共用空間・施設の経年変化に関する研究，住宅総合研究財団研究論文集，(49)，pp.109-119，2023.3
2） Kai Xiang，高井宏之：アジア4都市における避難階の利用に関する研究，理工学部研究報告第61号，2020.3

本章では，超高層住宅にかかわる諸問題を概説し，第2，3部に記したアジア4都市の取り組みから透けて見える超高層住宅の政策課題を，居住問題，超高層住宅の共用空間のあり方とその運営・管理に焦点を当てて，これらの視点から今後の展望を論説する。

2.1　超高層居住の課題

(1)　超高層住宅の特異性

　超高層住宅の物的な特性は，「超高さ」「超大規模」「超密度」で示され，その特性に起因するさまざまな課題が指摘されている。物的条件に起因する耐震性や防災安全などの問題は，構造技術や設備技術の進展により対応してきたものの，他に，日常安全，生活や心身への影響につながる課題の指摘も多い。

　日本の集合住宅の高層化は，1970年代の高さ規制から容積規制への形態規制への体系の転換によって進展してきた経緯もあり，高層化は都市に不足していたオープンスペースの創出という理念も継続し，超高層住宅の足元には広い公開空間を保有することができることが大きな特性であった。しかし，2000年頃以降の超高層住宅を見ると，国際競争力の強化と都市部の高い住宅需要に対応するため，都市の活性化に資する都市機能の更なる集積を目指し，容積緩和をはじめとする種々の規制緩和によって，高建ぺい・高容積の超高層住宅が大量に供給されるようになった。これらは，生活に資する都市の理念や将来都市像のビジョンより，短期的利潤の追求などの事業理念が優先されて，展望なき超高層住宅が林立している状況に見える。

(2)　超高層住宅の居住問題

　超高層住宅の居住問題は，古くはヨーロッパ各国とアメリカの居住研究から始まっている。1960年代以降の欧米の高層集合住宅の典型的課題は，犯罪発生や公衆衛生上の課題を伴うバンダリズムへの対応であった。各国政府は高層住宅居住者の偏在やこうした居住者の匿名性や死角の解消に向けて，ミクスドコミュニティを目指した高層住宅団地の再生や住宅監視，住棟の分節化などに取り組み，バンダリズムの鎮静化に努めてきた。

　日本においても，こうした欧米の研究実績を踏まえて1980年代には超高層住宅の居住問題に焦点を当てた研究や高層住宅批判の論調も多くなってきた。これらは日本における都市居住の在り方を探る一面とともに，欧米研究に端を発する超高層住宅の上記特性に起因する生活行動や心理的精神的影響に言及していくものが多くなっている。超高層住宅における居住者，とくに子供の外出抑制・引きこもり，母子密着，子供の自立の遅れなどの状況が研究され，住環境ストレス，異常分娩や流・死産の多さも報告されている。

　しかし，これらの研究においても種々の問題点の要因が明快なエビデンスにやや乏しく，都市化に伴なう社会環境や，居住者の意識の変化，設備，防犯等の経年変化などの複数の要因に起因するため，対応は一元的ではないことも指摘されている。

　日本は1990年頃のバブル期とその後のバブル崩壊期を迎え，超高層住宅は都心居住を支える高級・ステータス物件にシフトし，高度な設備の設置や高度な管理システムを伴って，高額所得層の選択的案件に変わりつつあり，前述の居住問題や超高層住宅批判は徐々に沈静化してきたように見える。2000年以降は，日本では事業論理によってふたたび超高層居住が増加しているものの，こ

れらは経済不況の中，引き続く高級案件として高度設備と高度管理を前提として選択されているためか，居住問題が大きく取り上げられることは少ない。しかし，こうした現実の居住選択階層を見ると，逆に高齢世帯の増加が見込まれ，1980年代と同様の居住状況の課題を包含しているのは確実である。

　日本でも90年代には，対応としてクローズアップされていた事項に，母子・高齢者の孤立の解消や，死角の多さへの対応，匿名性の解消などの工夫が見込まれ，とくに住戸外の住棟共用部分や住棟外屋外空間の工夫が指摘されていた。

　現在も，高齢者を含む居住者の外出などの行動抑制や日常生活の安全，心理的影響や住環境ストレス，近年の課題認識が広まっている防災，災害復旧（レジリエンス）意識などに配慮した共用施設や共用部分，階段，エレベーター，防犯設備などの建築計画上の対応を考えることの重要性はさらに増していると思われる。

　世界に目を転じると，2000年以降の超高層住宅の実例数は欧米からアジア諸国にシフトしている。アジア各国は近年の経済成長の象徴として超高層住宅の増大状況が見られ，それぞれの社会制度，居住状況，居住者像やコミュニティ意識など大きく異なる面が多いものの，超高層住宅居住を成立させる共用施設や共用部分の活用等にはさまざまな特徴があり，その在り方を探りつつ，日本の超高層居住を展望する大きなヒントを見出すことができよう。

(3) 超高層住宅の管理

　超高層住宅のもう1つの課題は管理システムの問題である。バブル期以降は，日本の超高層住宅の多くは都市部に立地し，居住者層は高いステータスに意義を見出す高額所得層にシフトし，セキュリティの充実を売り物にすることによって，かつての欧米にみられるような犯罪不安やバンダリズムにつながる要素は多くなかったように見えるが，大規模に集約した居住者数の多さは居住者層への管理意識の共有に問題が見られる。このこ

とが顕在化するのが大規模修繕等の必要性が顕在化する劣化状況が進む20〜30年経過時期である。そもそも日本の超高層住宅の多くは「区分所有権方式」を前提とする分譲集合住宅であり，戸数規模が大きくなる点，管理運営上の意思統一が難しいといえる。「区分所有権方式」は所有者に管理上重大な責任が伴うことになるが緊急対応や高額な支出を伴うため，トラブルも避けられず，合意形成の遅れや乱れも発生しやすい。

　超高層住宅の修繕等については一般のマンションに比べて多額の費用を要するが，販売上管理費や修繕積立金を少なくしていることも多い。また，現実の多くの超高層マンションでは新参者として地域のコミュニティと疎外されているものも見られる。こうした状況への対応も含めて，超高層住宅の持続的再生・整備を考えていくことが喫緊の課題である。

2.2　超高層居住と共用空間

(1) 各都市の超高層住宅の共用空間の特性

　本書が主に対象とするアジアの超高層住宅は，21世紀に入って，全般に技術進歩の象徴のごとく各都市に林立している。しかし，ここには各国・各都市の気候・風土，伝統・文化，地勢や住宅事情，独自の生活習慣などに根差した特有の発展を遂げている。また近年は，高齢者対策やコミュニティ，エコロジー対応といった共通課題も見えてきている。これらに共通する要素は共用部分の計画や活用・運営であり，日本の超高層住宅の政策課題や今後の方向を探る大きな示唆を得ることができよう。

(2) 超高層住宅の事業タイプと共用空間

　超高層住宅を取り巻く住宅事情と需要状況を鑑みた超高層住宅事業を見ると大きくは，不特定居住者を想定した非選択的居住者型事業と特定層をターゲットにした選択的居住者型事業とに大別できる。

　非選択的居住者型事業は少ない住宅適地に大量

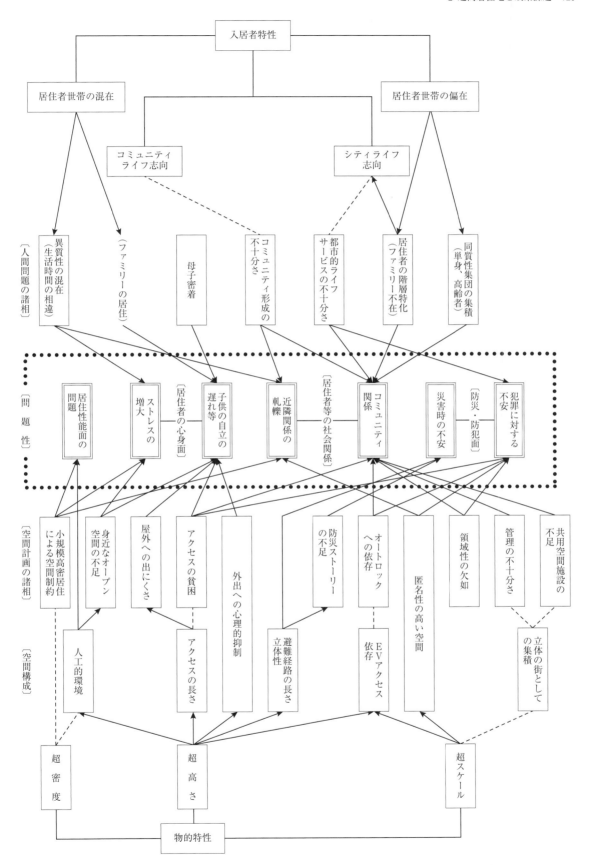

図 -4.2.1　超高層住宅に関する空間計画・人間問題の諸相と問題性との相関マップ

建設が求められるなど，住宅地全般に高層高密化が進み，居住者の選択性が乏しい公的住宅に多く見られる事業・計画である。かつて欧米にみられ，批判の対象になった事業も多く，シンガポール，香港，台北の公的住宅もこれらに該当する。これらの都市では，共用部分の豊富な保有と管理等の対応によって超高層住宅のいくらかの問題点の指摘を克服している。具体的には分散コミュニティと中間階共用空間，屋上歩廊，中間階廊下の計画と活用が，不特定多数の者の高密による空間の閉そく性をやわらげ，空間視認性を高めるなどの安全性の確保に貢献している。高温多湿の常夏気候条件に対応する風通しや換気条件の確保，開放的共用空間やスカイガーデン，ボイドデッキ，水や緑の活用などの配慮が，前述の超高層住宅の種々の課題を克服する要素にもなっている。

　一方，選択的居住者型事業は，高額所得者をターゲットとした都心居住を目指すニューヨークの超高層住宅や日本の都心部の超高層住宅，中国にみられる超高層住宅などがこれに該当する。

　日本や日本の住宅制度を参考に発展した中国では，商業ベースの事業企画が多くみられ，とくに2000年以降の日本では高級案件としての分譲マンションが主流になっている。中国の超高層住宅も利用権分譲の高額案件が主流で，都心立地，眺望，ステータス等を求める限定的な高収入居住者層を対象とする事業にシフトしているように見える。これらは選択的居住者型事業ととらえられ，足元ホール・ロビー，足元施設・外部空間，別棟施設，屋上ロビー等の付加価値空間を実現させ，これに伴う質の高いサービスを含めて，運営しているものが多い。こうした居住者の限定とこれに伴う高度な管理システムによって，超高層住宅で指摘されてきたさまざまな問題を克服しているのが実態であろう。

(3)　超高層住宅の共用空間での対応

　超高層住宅において指摘されていた問題は必ずしも超高層固有の問題といえないものもあり，超高層居住という空間的な特性のみに起因するもの

ではない。しかし，超高層居住を健全に進めるべく課題と対応の方向として，高密空間の制約やアクセス空間の貧困，オープンスペースの不足等，また領域性の欠如や管理の不十分さの対する開放的かつ豊かな共用空間のあり方について計画指針を取りまとめたことがある（「超高層住宅の居住環境に関する研究」公的住宅技術開発会議）。ここでは，超高層住宅の建築的要因だけでなく，事業企画や住宅整備・事業に伴う都市環境改善や都市全体の住環境の視点，とくに共用空間を介した屋外との関係，コミュニティ計画，まちに貢献する施設計画，長期に維持・運営できる管理システムの確立にまで言及している。

　一方，先行して課題とされたイギリスでは，高層住棟や巨大住棟における犯罪発生の増加に鑑み，Permeable Housing Layout（Permeableとは，ある地区が見通しがよく安全，便利で，気持ちのよい「通り」をバラエティ豊かに持っている状態を意味する）の原則を示した。イギリスはその後の団地再生において，この原則に基づいて，高層住宅等の共用部分の分節化やオートロック等のセキュリティ対応や空間構成の再構築，視覚効果，オープンスペースの配慮などを進めることになった。

　しかし，2000年以降はアジアの各都市の経済発展や近代化の流れの中，土地の有効利用や高密・高層化の要請が高まるとともにアジアエリアにおいて超高層住宅供給が増大し，各都市の気候風土，住まい方や生活慣習との軋轢を通して各都市独自の超高層住宅の計画を展開している。

　いずれも共通しているのは共用空間や共用施設の計画によって，超高層居住の住まい方を実現し，都市居住としての豊かな住まいと社会的役割を果たしていることである。とくにアジアの超高層住宅に共通する要素はオープンな共用空間，空中歩廊，屋上庭園，足元の公開空間等であり，建築物の緑化や自然環境の活用などを通した地球環境問題に配慮した脱CO_2対策に繋がる政府イシューの一環として取り組まれていることであろう。

　こうした共用部分において，種々の配慮を着実

に実践できるためには，計画設計における強い基準や指針などが重要で，これを持続的に展開できるためのシステムが必要である。各都市における取り組みもこうした政府の強い統率力と信頼に裏付けられていることが窺え，公的住宅においてはなおさらである。これらは各都市によって違いがあるが，共用空間や共用施設の設置基準や緑化政策・福祉政策からの指針，管理・施設空間運営における条例等，さまざまである。

シンガポールでは，政府の持続可能という方針に基づく自然換気，カーボンニュートラルや省エネ，火災・災害時の避難，および高層化に伴う孤立化に対する近隣関係づくりの必要性がいわれ，緑被率を最大化する取り組みを誘導し，体系的なマスタープランのコンセプト化と，自然のエコシステムをより良く保護管理するために，経済開発や生活状況を生み出していく上で有益な管理ツールを提供している。

香港の住宅団地の特徴は，高温多湿を克服するためできるだけパッシブ設計とし，自然の資源の活用を図ることや共用部分に微気候の活用を検討している。また，基本構成としてポディウム（基壇部分）の階に商業施設と社会福祉施設が入居し，こうした公共施設が団地の低層階と高層階を繋ぐだけでなくコミュニティ集会場としての活用されている。

中国は，介護施設，福祉設備がまだ十分に完備していないため，単身高齢者の高層住宅居住が多く，街との繋がりがあまりないためか，老人の孤独死が多い。北京の高層集合住宅では，単身高齢者にとっても地上階まで降りて行かなくても身近に利用できるスカイガーデンという戸外の共用空間があることの魅力はあると考えられる。

台北では，住宅は「住宅法」を基にしており，「設計基準とバリアフリー住宅に対するインセンティブ」の規定が制度化されている。とくに，公的住宅事業には社会福祉サービスとその内容が記載されている。また，超高層住宅の社会住宅を高齢者居住政策として位置づけて，民間と行政との連携した事業に取り組んでいる。

こうした4都市に対し，日本の超高層住宅の共用空間は，事業論理を見据えて足元ホール・ロビー，別棟施設，屋上ロビー等の付加価値空間として整備されることが多く，開発事業単位で整備され，国や行政の政策ビジョンや政策貢献に向けて誘導されたり，事業主体間や地域やエリアを視野に地域貢献施設やコミュニティ空間を考えていくことはさほど多くはみられていない。近年ようやくこうした視点が意識され始めた状況であろう。

アジアの4都市については，共用部分に関しての計画や所有から管理に至るルールによって共用部分の管理運営における柔軟なハンドリングを実現している様子が窺える。超高層住宅が今後とも都市の居住形態の一つとして定着していくためには，こうした共用空間等の活用とこれを持続していくための管理・運営のシステムを考えていくことの重要性を示唆していよう。

2.3　超高層住宅の展望

(1)　超高層住宅の管理システム

ここで改めて，各都市の超高層住宅の共用空間や共用施設をめぐる利用実態や管理運営にかかる制度や仕組みについてみてみたい。

シンガポールでは，共用施設については，民間はMCST（法人格を持つ管理組合），公的住宅ではRC（住民委員会）があり，ルールを作り，基金で管理している。住まいは人権であり，公共空間も確保すべきとの政府の考えがあるため，政府によるインセンティブもいろいろあり，容易に政府が力を発揮することができるし，国民の信頼も厚いので長期にこれを維持できる。MCSTには独自の法律があり，住民が選挙によって選出したメンバーにより構成される委員による自治組織である。この組織が作る条例は敷地内のみで有効であるが，政府の決めるものと矛盾しないことが必要である。

香港では民間住宅の共有施設の所有権は，すべての所有者による共有の形で，所有者は，建物管理条例に基づき，効果的な建物管理，修理，お

および保守を促進するために所有者法人を設立する必要がある。また，公共住宅では各建物または複数建物について団地管理諮問委員会（Estate Management Advisory Committees）があり，重要な決定事項があればこの委員会で話し合い，当局（HKHA）にフィードバックする。

　現在の中国の超高層住宅の多くは定期借地権付き分譲住宅で「物件法」によって区分所有が規定されているが，日本と違い，共用施設については区分所有者以外の第三者の所有となることもある。管理方式は第三者管理方式を想定しているが，二段階に分けられ，前期はデベロッパーの5年間程度の修繕義務に基づき分譲時に徴収した修繕基金の運用によって対処するが，その後は区分所有者団体と管理会社との再契約によることとなっている。後期の区分所有団体への管理体制の移行が今後の大きな課題となっている。

　また，台湾では，民間集合住宅は主に「公寓大廈管理条例」を基準として，建物の管理を行う。居住者は共用施設を共同で所有し，施設を共同管理している。管理の方式や費用負担は，各住戸は1名の代表者で管理委員会を組み合わせ，管理委員会会議を通じて，この集合住宅の使用管理ルールや費用などの内容を決める。台湾ではこれらを支える「台湾ファシリティマネジメント学会」の参考基準が機能していると聞く。

　一方，日本の管理システムをみると，分譲住宅が中心であることを前提とすれば，超高層住宅のきわめて難しい管理運営についても，区分所有者団体である管理組合に最終的な責任が押し付けられる状況が改善されないまま，多くの課題や難題を抱えていくことが大きく危惧される。今後，確実に増大する超高層住宅では修繕工事や改修への的確な対応が必要で，事業主体ごとの組織された管理組合が膨大な専門知識と膨大な費用を運営することとなり，その専門的な管理運営システムの整備やこれらを支援する体制等がまず求められる。

　こうした日本の状況と比較した，4都市の共通する特徴は共用施設等の管理運営に対する行政関与が大きいことであろう。超高層住宅事業を公・民問わず，各国の求めるエコロジーやグリーン化などの政策イシューに位置づけたり，社会体制からくる必然的な対応であったり，状況の違いはあるものの，超高層住宅の居住の質の維持や将来展望のためには共用部分の管理の持続的な行政関与または強い誘導が不可欠であろう。

　また，超高層住宅の管理は住棟単体の物的管理にとどまらず，本来地域の貢献施設となるさまざまなコミュニティ施設や，地域の資産となる拠点施設など地域全体で支えていく体制と仕組みや取り組みも求められよう。アジア4都市の取り組みは超高層住宅を地域ぐるみの政策の核として位置づけて，行政関与を強める姿勢もみられる。

(2)　共用部分の運営

　改めて超高層住宅の共用部分の意味や効果を考えてみたい。前述したように超高層住宅の共用部分は超高層居住の公衆衛生上の課題や行動抑制・心理的精神的影響，ストレスなどに対して一定の対応効果を持つとともに，各国の気候風土の適応やエコロジー等の政策イシューの実現の要素として重要な役割を果たし，豊かな都市居住の実現を果たす貴重な計画要素であることは間違いない。

　その意味で，世界の超高層住宅の展望は共用部分の運営と管理の在り方にかかっているともいえる。とくに，日本においては超高層住宅事業が開発事業者の利潤追求を主として考えられており，これを長期に維持する長期運営に向けた意識も乏しいため，売り逃げ・食いつぶし事業となる場合も多く，将来に向けて不良資産が堆積していくことが大きく危惧されている。こうした大きな投資に対し，資産の持続的運営が最大の課題ともいえ，その対応は待ったなしの状況ともいえる。まずは住棟，事業単位ごとの適正な修繕積立金や第三者管理など各国にみられるような専門性を付与すべく長期の管理システムについての適正化を図ることが求められる。さらに，海外事例をみると，超高層住宅の共用施設や共用空間は近年の各国の政策イシューとしてのエコロジーの導入が共用空間の適正な計画に寄与したり，その共用部分の運営

の重要性が認識され，持続的に運営できる仕組みの確立に向けての手掛かりが読み取れる。そこには共用施設等の所有者責任と管理者責任を明らかにしていく方向性が垣間みられる。こうしたアジア各国の知見の精査を継続していくことが必要であろう。

(3)　まちの資源としての総合的マネジメント

ここで，昨今その方向についてみられる「芽」となる日本の取り組みについてもみてみたい。

近年の日本の都市の高層住宅についてきわめて重要になっているのが防災対策である。東日本大震災以降の都市住宅は地震災害だけでなく，地球温暖化の影響か，台風被害や大雨豪雨災害，水害など多発する傾向があり，居住者のライフラインの確保が居住者の大きな関心事となっている。とくに，東京都内においては，大規模災害時においては，超高層住宅居住者は公共施設等への避難対象から除かれ，堅牢な建物を前提とした在宅避難が原則として位置づけられ，住棟内での安全確保と7日間以上の水や食料等の備蓄が求められるとともに，足元の共用空間には地域の避難拠点としての役割も求められるようになっている。このため，超高層住宅にはこうしたLCP（Life Continuity Plan：生活継続計画）を有した自主防衛が求められ，LCP性能向上改修を進めるとともに，各住棟のコミュニティ空間等の共用空間の役割と機能について，これらを有効に機能するための地区内の住棟間での連携や機能配分を検討する取り組みも見られている。ここには，超高層住宅の物的管理を超えるコミュニティ管理や行政体制と連携した地域管理の必然と役割が求められ，その対応を通した超高層住宅の地域における持続を確実にしていくことによる将来展望が見えるように思う。

また，超高層住宅群については，さまざまな面で周辺地域との軋轢を生じ，防災対策に限らず，地域と連携した対応が重要である。とくに，近年の短期利潤追求による都市ビジョンなき超高層住宅群の林立は交通インフラや教育施設等の地域キャパシティを配慮することさえ，おろそかにされている面がある。このことの課題は，近年では社会問題となってきており，喫緊の課題でもある。これに対する取り組みとして，エリアマネジメントの取り組みがはじまっているものの，現実には，まだ多くの課題を浮き彫りにしたに過ぎない。事業者ごとの管理システムの違いや費用負担，超高層居住者と周辺居住者との意識のずれやコミュニティの分断，共用施設や公開空地等の活用の仕組みの未整備状況など検討すべき課題は山積している。

しかし，これらの課題は今後何十年にもわたる避けられない問題である。超高層住宅群を管理不全による21世紀の廃墟にしないためにも，地域や行政との連携により共用施設等の持続的活用を目指していくことが求められ，その手掛かりの一つが地域ぐるみの取り組みであり，エリアマネジメントの取り組みである。すなわち，超高層住宅団地は開発事業の一形態ではあるものの，ひとつの街としてとらえて街のさまざまな機能を保有し，事業者間の連携と役割分担，街としてのマネジメントを考えていくことが必要である。このことによって事業単位にこだわらない街の資源として行政関与の必要性を高めていくことになろう。

とくに，日本においては，現実には区分所有法とこれに基づく管理規約が厳然とした枠組みとなるものの，周辺地域やエリアを巻き込んだコミュニティ連携や地域資産の保有と運営などのエリアで連携したエリアマネジメントの視点を加えた専門的な管理体制の確立とこれに向けての区分所有法の枠を超えた取り組みが求められよう。超高層住宅の共用空間の管理における行政関与への道筋をつけるとともに，その先には分譲住宅のさまざまな制約の基となる「区分所有法」の抜本的改正が必要に見える。日本では急増してきた超高層住宅群の将来を展望した取り組みが待ったなしで求められている。

3 超高層住宅に未来はあるか

本章では，まず，かつては新しい住まいとして，建築家や建築計画研究者も追求してきた（超）高層住宅から，彼らの関心が離脱していった背景を探るとともに，本書で展開されているアジアにおける比較研究の成果を参照しつつ，近年顕在化してきた超高層住宅の現実的課題に言及し，超高層住宅の将来展望の可能性について考察する。

3.1　超高層住宅からの関心の離脱

時代の流れを追う建築家，隈研吾は，著書『負ける建築』（岩波新書，2004）で，「高く積み上げたものが脆く，はた迷惑な代物であることは，子どもでも知っている。」と述べ，超高層建築など，20世紀型の「勝つ建築」は，いまやその「弱さ」を露呈していると指摘し，さまざまな外力を受けいれる「負ける建築」こそ，現代求められている建築であると主張する。また，『小さな建築』（岩波新書，2013）では，「『強く合理的で大きな』建築にはもはや魅力がないと，誰もがだいぶ前から思いはじめていた。だからハコモノが嫌われていたし，超高層は時代遅れの，金持ちの自己顕示だとして，嘲笑されていた。」と，超高層建築からの関心の離脱を鮮明に表明している。

とはいえ，高層建築は，もともとは建築家が競って追い求めていた対象であった。

3.2　建築家の夢

そもそも高所居住の願望は古代から存在し，高層住宅は人々の長年の夢の一つであったとも考えられるが，都市化による高密居住の必然性と，工業化による高層建築の技術的可能性が一気に高まった近代になって，その開発は建築家の夢とも

なっていった。ただし，建築家たちの関心は，「住宅の高層化」というより，当初から「都市の立体化」にあった。

その原点は，1925年にル・コルビュジエ（Le Corbusier）が提案した「ヴォアザン計画」（Plan Voisin）である。そこでは，太陽と緑を確保しつつ300万人の生活を支える職住共存の高層建築が基本的な都市の構成要素となっていた。このパリの再開発計画は（幸にして？）実現しなかったが，マルセイユなどで個別に実現した高層建築「ユニテ・ダビタシオン」（Unité d'Habitation）は，大型客船をモチーフとしたといわれているように，住宅と商業施設などの都市施設が複合化されていた。

「都市の立体化」については，「用途の複合化」だけでなく，スミッソン夫妻（Alison & Peter Smithson）による「ゴールデン・レーン計画」（Golden Lane，1952）のように，「街路の立体化」やそれによるコミュニティの回復も模索された。

日本においては，コルビュジエに学んだ前川國男設計による「晴海高層アパート」が1958年に竣工している。ユニテ・ダビタシオンの理念に従って，都市的構築物である「メガストラクチャー」に住宅ユニットなどが組み込まれて「都市の立体化」が実現したが，1977年，メガストラクチャーの理念を発揮することなく，あえなく解体されてしまった。

「都市の立体化」は，日本のメタボリズム・グループや磯崎新の「空中都市」（1960〜1963）などに引き継がれ，既存都市の上空を活用した計画などが策定された。一方，現実の都市整備や住宅計画においては，大高正人設計の「坂出人工土地」（1968〜1986）や「広島市営基町高層アパート」（1969〜1978）などにおいて「都市の立体化」に

向けた取り組みが続けられた。また，菊竹清訓は，「都市住宅の再構築」（『新建築』，1971.11）などにおいて，高層住宅におけるコミュニティ回復のための半公的空間「セミパブリック」の提案をまとめ，現実の建築設計においてもそれらの部分的実現を試みた。

コルビュジエ以来のこうした一連の建築家たちの取り組みは，一貫して，「高層居住の実現」というより，職住共存を実現する用途の複合化，コミュニティの回復を実現する街路の立体化や半公的空間の実現といった「都市の立体化」をめざしたものであり，家ではなく「都市に住む」様式の模索であった。

3.3　日本における住宅産業，住宅政策からの接近

日本では，1960年代の高度経済成長と人口の大都市圏集中による大量の住宅需要に対応して，住宅生産の工業化や住宅の高層化のニーズが急速に高まっていった。その中で，アメリカのオペレーション・ブレイクスルー（Operation Break-through）をモデルとした旧建設省と旧通産省による工業化住宅提案コンペ「パイロットハウス技術考案競技」（1970）が，戸建て住宅，中高層住宅を対象に実施された。

続いて，旧建設省，兵庫県，芦屋市，旧日本住宅公団，兵庫県住宅供給公社，日本建築センターの主催で「工業化工法による芦屋浜高層住宅プロジェクト提案競技」（1974）が行われ，127企業22グループによる25提案の中から，ASTM企業連合（旧新日本製鐵，竹中工務店，高砂熱学工業，旧松下電工，旧松下興産）案が最優秀案として選定された。1979年，当選案に沿って，5層おきに設けられた空中公園によって住棟を連結して配置した「芦屋浜シーサイドタウン」の高層住宅群（3381戸，最高29階）が竣工した。

「芦屋浜シーサイドタウン」については，『高層集合住宅の計画に関する調査研究—芦屋浜シーサイドタウンの居住性』（京都大学巽研究室，1982）

をはじめとして，さまざまな主体による入居後調査が繰り返し行われてきた。京都大学巽研究室の1980年調査と1988年調査を比較すると，高層住宅居住のさまざまな課題とともに，高層住宅適合層の定住，住みこなしの進行が確認でき，入居者の高層居住の選択性や時間的変化を含めた居住性評価の重要性が指摘できる。また，空中公園利用については，眺望を楽しむなどの利用の減少と，自転車置き場や雨天の遊び場など，子どものいる世帯の日常利用の微増が確認されている[1]。

さらに，旧建設省は，「新・都市型集合住宅システム開発プロジェクト」（1985〜1989）を開始，初年度に提案競技を行い，応募案の内容に従って軀体構造部会，内装・設備部会，エネルギー部会，工業化住宅部会，木質構造部会，計画部会の6部会を設置した。このうち，軀体・住戸分離方式（二段階供給方式／スケルトン・インフィル方式）や立体街区などの提案をまとめた計画部会において「都市の立体化」の議論が継続されたが，民間による高層住宅開発の中では実現に結びつく具体的な糸口を見出すことはできなかった。この後，「都市の立体化」の研究は，日本建築学会建築計画委員会に「立体街区小委員会」が設置されるなどの動きが見られたが，超高層住宅が実践の対象として検討されることはなく，具体的な調査研究や実践的研究の対象は「実験集合住宅NEXT21」（1993）などの中高層住宅街区に絞られていった。

3.4　欧米における近代都市・近代建築批判と高層住宅批判

1960年代，ジェイン・ジェイコブズ（Jane Butzner Jacobs）の『The Death and Life of Great American Cities』（Vintage Books, 1961）（ジェイン・ジェイコブズ著，黒川紀章抄訳：『アメリカ大都市の死と生』，鹿島出版会，1977；山形浩生全訳：『アメリカ大都市の死と生』，鹿島出版会，2010）を起点として徐々に激しさを増していった近代都市批判や近代建築批判の中で，高層建築は常に，近代都市，近代建築を象徴する存在として扱われ

てきた。1977 年に刊行されたピーター・ブレイク（Peter Blake）の『Form Follows Fiasco；Why Modern Architecture Hasn't Worked』（Little Brown & Co, 1977）（ピーター・ブレイク著，星野郁美訳：『近代建築の失敗』，鹿島出版会，1979）においても，「超高層ビルの幻想（The fantasy of the skyscraper）」（星野郁美訳）として批判の標的とされている。

イギリスのローナン・ポイント（Ronan Point）団地高層住棟で起こった事故（1968）やアメリカのセントルイスにあったプルーイット・アイゴー団地（Pruitt-Igoe Housing Complex, 1956）の解体（1972）も世界に大きな衝撃を与えた。前者は，パネル工法の労働者向け新築住宅のガス爆発事故で，イギリスにおける公共住宅の高層化の禁止や子どものいる世帯の高層階入居制限の一因ともなったものである。後者はミノル・ヤマサキ設計のコンペ当選案がバンダリズムのために管理不能となり，市の住宅局によって爆破解体された団地で，多くのメディアが近代建築の失敗として繰り返し報じてきたものである。ただし，こうした状況にありながら，イギリスなどにおいては，エレベーター付きの高層住宅が，バリアフリーの観点から高齢者向け住宅として活用され続けてきたことには注目しておかなければならない。

この間，作り手の視点ではなく使い手の視点から近代建築を論じた研究が，医学，保健学，心理学，社会学などさまざまな学問分野から行われるようになり，高層住宅の居住性についての問題を直接対象とした研究報告も行われるようになった。それらをふまえて，クリストファー・アレグザンダー（Christopher Alexander）らは，『A Pattern Language』（Oxford University Press, 1977）において，「高層建物が人間をおかしくするとする証拠は山ほどある」（平田翰那訳）と述べ，外出機会と精神病との関係（D.M.Fanning, 1967），高層住宅における年齢層別人間行動とその影響（Dr.D.Cappou, 1971），子どもの年齢，居住階と遊びの関係（Jeanne Moville, 1969），住宅形式と犯罪発生率（Oscar Newman, 1972）などの高層住宅批判の論拠を取りまとめ，「どんなに高密な都市地域でも，大部分の建物は 4 階建かそれ以下にすること。それ以上の建物があってもよいが，けっして居住用の建物にしないこと。」と結論付けている。

一方，服部岑生は，「海外集合住宅計画研究からみた住生活観と住宅計画の国際比較」（『住宅建築研究所報』，新住宅普及会住宅建築研究所，1986）において，欧米の集合住宅研究の動向を概観するとともに，とりわけ高層住宅の居住性に言及している Herlyn（1970），Harmsen（1975），Bjorklid-Chuo.J（1974），Reynolds,Nicholson（1969），Gelb（1977）などの論文を紹介し，子どものいる家族にとって，子どもの遊び場へのアクセスが困難となる高層居住は回避するべきとの指針が複数出されていること，高齢者の高層居住についても危惧する研究成果が存在すること，高層住宅は近隣関係を妨げるという研究成果が存在することなどを指摘している。

ただし，さまざまな居住問題と高層居住の因果関係については，その後行われた研究報告を含めて，必ずしも明確なエビデンスが得られたとはいえなかった。高層住宅居住の居住問題は，環境決定論的な結論を出すことは難しく，入居者の選択性に依存する部分が少なくないといえそうである。

3.5　不動産ビジネスからの接近

実は，前述のほとんどの高層住宅批判は，住宅の選択性の低い中低所得者層を対象とした住宅に向けたものであった。住宅の選択性が高く，住み替えの可能性も高い富裕層向けの住宅は議論の外にあったといえる。実際，1980 年代には，欧米大都市の都心の好立地に富裕層向けの超高層住宅が相次いで建設されるようになった。これらは，商業施設や業務施設と住宅を複合化した超高層建築であることが多く，住宅部分は多くがコンドミニアム（condominium）として供給された。ここでは，当然のことながら，居住価値だけでなく資産価値が重視され，多様な資産家の投資を誘うも

のであった。

　ニューヨークのマンハッタン5番街に，隣接するティファニー宝飾店の空中権を買い取って建設されたトランプタワー（Trump Tower, 1983）はその代表であろう。この建物は，高さ202m，58階建で，当時からアメリカの不動産王と呼ばれていたアメリカ合衆国元大統領ドナルド・トランプ（Donald John Trump）とエクイタブル生命保険会社（The Equitable Life Assurance Society of the United States）が共同所有者となり，デア・スカット（Der Scutt）が設計，HRH Construction が開発したものであった。

　ここでは，世界の最新情報が，最も早く，最も多く集まる立地を最大限利用して活躍するビジネスマン，アーティスト，ジャーナリストなどが，さまざまな都市的サービスを享受しながら居住している。訪問者は，居住階のエレベーターホールで入居者に直接会うまでは，ドアマン，コンシェルジュ，エレベーターボーイが順に付き添い，住戸も階数や住戸番号ではなくすべて入居者の固有名詞で伝達される。セキュリティは徹底した人による監視によって達成されるのである。

　このトランプタワーを凌ぐという触れ込みで，1987年にカーネギーホールの横にハリー・マックロウが開発した超高層建築が，高さ218m，68階建のメトロポリタンタワー（Metropolitan Tower）であった。設計は，SLCE Architects，施工はHRH Construction である。セントラルパークを一望できる眺望に加えて，プライベートダイニングクラブ，フィットネスクラブ，コミュニケーションクラブ，運転手待合室付き駐車場など，質の高い共用施設や設備，人的サービスを特徴としていた。

　ただし，当時，トランプタワーの関係者らは，こうした閉鎖的な共用施設計画を「田舎者的」と酷評し，一切の共用施設を持たないトランプタワーこそ「洗練された都市居住の場」と豪語していた。トランプタワーの住民は，マンハッタンでその時最も人気のあるダイニングクラブやフィットネスクラブに所属し，超一流の人脈の中で都市

的コミュニティを作って仕事をし，先端的な都市居住を享受しているというのである。

　確かに，世界都市の都心部で，ごく限られた富裕層のみが実現できる都市居住の1つの理想形がそこには見出せる。不動産事業者が行ったアプローチは，建築家たちが追い求めた，近隣空間やコミュニティの積層化による「都市の立体化」とはまったく異なったアプローチであり，高額で質の高い設備・サービスと都市的（選択的）コミュニティに支えられて「都市に住む」一つの様式を的確に提示したといえるのである。さらに，この生活様式は，都市化の進行とともに，部分的には中低所得者の生活様式にも少なからず影響を与えてきたと考えられる[2]。

3.6　日本における高層住宅を対象とした建築計画学研究

　日本における高層住宅，超高層住宅に関する建築計画学研究は，住宅の高層化が急速に進行した1970年代から80年代にかけて増加していった。その内容は，高層住宅の居住性，高層居住が子どもや子育て期世帯の行動に与える影響，高層居住が高齢者の行動に与える影響，高層住宅における犯罪発生，高層住宅における共用空間の利用と評価などであった（超高層住宅居住実態調査委員会（委員長　谷口汎邦）：『超高層住宅居住実態調査報告書』，住宅・都市整備公団，日本住宅協会，1988など）。これらの研究は，もちろん，現実に増加している新たな住宅類型の居住性検証という目的を持っていたが，同時に，前述の欧米や他領域における先行研究の検証という意味合いも強く，日本でも，高層住宅居住によって子どもの行動が抑制されたり，母親の過剰な保護，密着などが増加したりする可能性が指摘された。

　とりわけ，オスカー・ニューマン（Oscar Newman）の『Defensible space；Crime Prevention Through Urban Design』（Macmillan Pub Co, 1973）（オスカー・ニューマン著，湯川利和・湯川聡子共訳：『まもりやすい住空間—都市設計に

よる犯罪防止』，鹿島出版会，1976）に強い影響を受けて実施された奈良女子大学湯川研究室の一連の研究は，住戸数の増加に伴う匿名性の増大や死角空間の増加による犯罪発生の可能性増大を示唆し，日本における防犯住環境研究の契機となった。（湯川利和：『不安な高層　安心な高層—犯罪学序説』，学芸出版社，1987）ただし，必ずしも住宅の高層化と犯罪発生の関係が実証された訳ではなく，防犯住環境研究は，むしろ，高層住宅に限らず，より一般的な住宅，住宅地計画の研究領域として広く展開していった。

　一方，「芦屋浜シーサイドタウン」高層住宅の空中公園などの住棟内共用空間の利用と評価に関する研究などが重ねられ，共用空間が居住者同志の交流の場や子どもの遊び場として利用されるためには，共用空間と住戸との連続性が重要であることなどが検証された。また，全国の高層住宅の比較研究も重ねられ，住棟内の動線が集まるエレベーターホールに面していて，日当たり，風通しもよく，死角がなく，3層吹き抜けで開放感が高く，床材料，遊具，ストリートファニチュアなどに工夫のある住棟内共用空間を有する「大阪南港ポートタウン」高層住棟などの利用頻度や入居者評価が高いことなどが解明された[3]。

　とはいえ，高層住宅の開発事業者が公共から民間に移行すると，こうした試みは激減し，建築家たちによる，近隣空間やコミュニティの積層化による「都市の立体化」の追求にも陰りが生まれ，逆に民間不動産事業者たちによるホテル建築に類似した設備・サービス依存の都心居住施設としての超高層住宅が増加する中で，コミュニティの回復や半公的空間の整備などの建築計画的研究課題そのものが希薄化したといえる。その結果，超高層住宅を対象とした建築計画学研究は大きく縮小していったのである。

3.7　超高層住宅をめぐる不動産学的課題の深刻化

　超高層住宅を対象とした建築計画学研究は縮小

していったが，その間，その不動産学的課題は蓄積，増大していったといえる。不動産学的課題とは，超高層住宅の所有と管理に関する課題である。

　日本では，集合住宅の高層化が進行する過程で，従来の賃貸借集合住宅だけでなく区分所有集合住宅が増加した。それらは，「建物の区分所有等に関する法律」によって制御されているが，築30年を超えるマンションが，2018年末には200万戸を超えている。その内，80万戸以上は築40年越えで，その数は10年後には2.4倍，20年後には4.5倍になると予想されている。

　これらの高経年マンションでは，区分所有者の高齢化，非居住化，管理組合の機能不全化などにより，適切な維持管理が行われず，現状においてもすでにさまざまな問題発生が報告されている。加えて，場合によっては，近隣住民等の生命，身体に危険をもたらす外部不経済が発生する割合が高くなることが指摘されている。

　現在のところ，管理問題が深刻なのは，主として初期の小規模な高経年マンションであり，とりわけ超高層住宅において顕著な管理問題が発生しているわけではない。それは，現存する多くの超高層住宅では，当初の委託管理体制により，今のところ資産価値が維持され，急激な所有者の経済階層の下落を伴う転売（フィルタリング・ダウン）が起こっていないからである。

　とはいえ，21世紀になって急増した20階建以上の超高層住宅の累積棟数の増加は，管理戸数の大規模化，設備の高度化，複雑化などを招いていることは事実である。超高層住宅では，「都市の立体化」による住民による共同管理に期待しない形態が選択されているとともに，設備依存の拡大によって管理の専門化，複雑化が進行し，今後，経年劣化やトラブルの増大が危惧されているのである。

　こうした状況に対して，国土交通省による「標準管理規約」の改正（2016）に基づく第三者管理方式の導入の検討や「マンションの管理の適正化の推進に関する法律」と「マンションの建替え等の円滑化に関する法律」の改正（2020）に基づく

地方公共団体による関与の強化などが進められているが，複雑な社会の動きに対応して，管理組合が適切な判断を重ね，安定した管理体制の維持と資産価値の保全を進めていかない限り，管理問題の深刻化が簡単に解消される可能性はない。

3.8　地球環境問題の一層の深刻化と超高層住宅

以上のような管理問題の深刻化に加えて，近年，人類の経済活動が地球環境を破壊してきた歴史を「人新世」として再確認するとともに，気候変動などの地球環境問題の一層の深刻化によって，住宅建設や管理のあり方に修正が求められるようになっている。

2021年の夏，「気候変動に関する政府間パネル（IPCC）第6次評価報告書」の第一作業部会（科学的根拠）報告書が発表され，「地球の平均気温上昇を産業革命前に比べて1.5度に抑える」というパリ協定が掲げる目標実現への緊急性がきわめて高いことが改めて明らかにされた。また，各国の研究者からなる Global Carbon Project による「Global Carbon Budget 2022」において，2022年現在の「残余のカーボンバジェット」（排出可能な二酸化炭素）は約8%しかないことが具体的に示された。これは，現状のままでは，約10年後には1.5度を超えて気温が上昇してしまい，熱波や豪雨，海面水位上昇などにより，多様な生物の絶滅や激しい災害にも見舞われる本当に深刻な事態が迫っていることを意味するのである。

この目標を真剣に受け止めようとすれば，従来の資源多消費的住宅建設や設備依存の住生活や住宅管理は抜本的に見直さなければならないことは自明である。従来のままの超高層住宅の新規建設は当然のことながら抑制され，管理の適正化とライフスタイルの見直しを含めた一層の省エネルギー推進，脱炭素化に向けた努力が求められることになる。

3.9　アジア4都市と日本との比較

ところで，本書で検討を加えてきたアジアの超高層住宅は，日本の超高層住宅との共通性も存在するが，各都市の気候・風土，歴史・文化，産業・経済，生活，慣習などに根ざした各都市ごとの独自性が認められる。ここでは，本章で提示した超高層住宅の2つのアプローチを手がかりにアジア4都市と日本の超高層住宅の関係について考察してみたい。

第1のアプローチは，近隣空間や近隣コミュニティの積層化による「都市の立体化」である。ここでは，住まい手と自然，住まい手と社会との関係の継承・発展，それを実現する半公的空間が重視され，住まい手が積極的に環境にかかわる住まい手と住まいの相互浸透が期待されてきた。

第2のアプローチは，人・物・情報の集積する都心部で，高度な設備やサービスと都市的（選択的）コミュニティに支えられて「都市に住む」様式を実現するホテル建築に類似した居住施設整備である。ここでは，少なくとも住棟内における住まい手と自然，住まい手と社会との関係は期待されず，住まい手が環境管理に煩わされない利便性が追求されてきた。

シンガポールでは，建国当初から住宅政策が重視され，住宅の高層化も国家政策として推進された。HDB住宅の住戸設計は規格型ではあるが，住戸規模に代表されるキャパシティが大きく，多様なライフスタイルが受け止められてきた。（例えば，Keyakismos, Tomohisa Miyauchi：『HDB: Homes of Singapore』Gatehouse Publishing；Bilingual edition，2017ではHDB住宅の多様な居住者の活き活きした生活が検証されている。）

また，相対的には低層部居住と外部（共用）空間利用を志向するマレー系やインド系の住民と相対的には高層部居住と内部（住戸）空間利用を志向する中国系の住民が住棟内をうまく住み分けている状況も先行研究で報告されている。

超高層住宅の2つのアプローチについては，近年，都心部に第2のアプローチによる投資用住宅

などが増加し，郊外住宅の高層化も一層進んでいるとはいえ，基本的には内部空間と外部空間との関係の維持へのニーズは強く，第1のアプローチをさらに進める必然性を持つ。セキュリティを重視しながら開放的な共用空間を整備することが課題であり，日本では超高層住宅というより中高層住宅計画研究として蓄積されてきた成果との関係が強いように思われる。

香港については，限られた都市空間での高密居住の歴史が長く，人口増加が続く中，早くから高層化が進行していた。1995年に都心部の空港が郊外に移転してからは，建物の高層化が一層進行したといえる。香港でも，高層住宅では自然換気を原則とするため，長年凹凸の多い住棟平面が採用されてきた。高密化を実現するため，一般に隣棟間隔は狭く，公的住宅では住戸規模もそれほど大きくない。

超高層住宅の2つのアプローチについては，第2のアプローチによる都心の投資用住宅も存在するとはいえ，内部空間と外部空間との関係の維持へのニーズは強く，第1のアプローチを捨て去ることはないように思われる。シンガポール同様に，セキュリティを重視しながら開放的な共用空間を整備することが課題である。

北京については，大国の首都であるとともに，都市の成り立ちや気候・風土条件が異なるため，他の3都市とは同様には議論できない。住宅類型としても多様なものが混在し，変化も激しい状況が続いている。

超高層住宅の2つのアプローチについては，近年，第2のアプローチによる都心の投資用住宅が増加する一方で，郊外の住宅団地などでは内部空間と外部空間との関係の維持が認められ，他の3都市との共通の課題も存在する。なお，本研究で報告されている高齢者居住の課題については，わが国からみても興味深く，今後の研究交流が期待される。

台北については，郊外まで高層住棟が立ち並ぶシンガポールや香港とは異なり，中高層建築による職住一体の高密都市が形成されてきた歴史が

あった。しかし，近年では，都心部の高層化に加えて，新北市など郊外での高層住宅開発が急速に進み，台北市の人口増加の受け皿となっている。

ここでも，超高層住宅の2つのアプローチについては，内部空間と外部空間との関係の維持へのニーズが強く，第1のアプローチを継続する必然性がある。ただし，都心部には第2のアプローチによる投資用住宅なども増加しており，両者が混在する地域も存在する。前二都市同様に，共用空間計画については，日本の中高層住宅計画研究との関係が強い課題が認められる。また，本研究で報告されている社会住宅に向けた試みは，超高層住宅という住宅形式とは必ずしも関係があるとはいえないが，わが国にとっても重要な示唆を含む取組である。

なお，いずれの都市についても，将来の管理問題は深刻であり，日本との共通性は認められるが，現状では，具体的な問題回避の道筋は見出せていないことから，当面は持続可能型住宅管理に向けた情報共有の促進が望まれる。

3.10　超高層住宅に未来はあるか

アジアの4都市においては，日本では行き詰まったように見えた近隣空間や近隣コミュニティの積層化による「都市の立体化」の試みが，限定的ではあるが現在も進行している地域が存在していることが明らかとなった。これらの地域では，とりわけ住棟内共用空間の計画と活用にさまざまな試みが認められ，日本における経験や研究成果の寄与も期待できる可能性がある。

ただし，建物の経年変化に加えて地球環境問題が深刻化するなかでの管理問題への対応は明らかに不十分であり，（超）高層住宅の安定的管理にむけた情報共有や共同研究の促進が求められる。

一方，設備やサービスに支えられた居住施設としての超高層住宅は，富裕層を対象とした都心住宅として，日本を含めて各都市で増加傾向にある。ただし，このモデルは，資産価値が維持できず，フィルタリングダウンした場合や投資用マンショ

ンの対象が中所得者層に広がった場合は，入居者の「都市に住む」様式が崩れ，設備依存，サービス依存のデメリットが顕在化するとともに，深刻な地球環境問題からみて好ましくない存在に陥る危険性がきわめて高くなっている。ここでも，既存住宅の管理問題への対応の強化が急務である。

　地球環境問題に配慮しながらストックとしての（超）高層住宅を安定的に管理する方策を見出すことがどの都市でも強く求められている。高経年マンションの管理の安定化は簡単ではないが，超高層住宅の未来を探るためには，少なくとも以下の2つの可能性が検討されるべきである。

　第一は，安定的管理を実現している高経年マンションの発掘とその仕組みの検証である。高経年マンションの管理問題はきわめて深刻ではあるが，築年数が高いにもかかわらずむしろ安定的管理を管理組合の努力によって継続している事例が少数ながら紹介されている[4]これらから管理組合運営の改善可能性を学び，持続型管理への誘導可能性を探ることがまず必要である。

　第二は，区分所有からスケルトン賃貸などへの権利関係のコンバージョンとスケルトン管理の社会化に向けた法改正を含めた検討である[5]将来の建替がきわめて困難とされる超高層集合住宅は，スケルトン・インフィル方式に適合した構法が採用されている可能性が高く，権利関係のコンバージョンへの技術的適合性は高い。かつて住宅・都市整備公団（現　都市再生機構）と都市住宅学会が行った「都心居住促進のための新住宅供給方式検討調査」(1998)や「建物譲渡特約付定期借地方式」（スケルトン定借方式，つくば方式）の経験などをふまえて，権利関係のコンバージョンの可能性を検討すべきである。

　さらに，今回の研究交流を契機として，アジア諸都市との連携を強化しながら，各都市の特性を十分に読み込んだ上で，持続可能型住宅管理の実現に取り組むことが，超高層住宅の未来を描くことに繋がると考えられる。

補注

[1] 髙田光雄：高層住宅における住棟内共用空間の利用と評価，日本マンション学会研究報告集，1997ほか。
[2] 髙田光雄：アメリカにおける都市型集合住宅の現在①～③，建築と社会，1987.10-12ほか。
[3] 京都大学巽研究室：高層集合住宅の住棟内における子供の遊び空間計画に関する研究，1992ほか。
[4] 例えば，日本マンション学会2023京都大会・市民シンポジウム「高経年マンションから学ぶ長寿命化の技」では，高経年マンションであっても，管理組合の努力により，経験を積み上げて安定した持続可能型管理体制を実現している事例が複数紹介された（2023年4月21日京都市男女共同参画センターウィングス京都）。
[5] 管理問題の深刻化は，技術論的には不合理な「区分所有」という権利関係に起因するところも少なくない。関係法令を改正して「スケルトン賃貸」などの権利関係へのコンバージョンを可能にして持続可能性を高めることも考えられる。（髙田光雄：『まちの立体化』をめざした集合住宅の権利関係―『区分所有』の限界と『スケルトン賃貸』という理想―，建築とまちづくり，新建築家技術者集団，2023.3）

参考文献

1) 隈研吾：負ける建築，岩波新書，2004
2) 隈研吾：小さな建築，岩波新書，2013
3) 菊竹清訓：都市住宅の再構築，新建築，1971.11
4) 京都大学巽研究室：高層集合住宅の計画に関する調査研究―芦屋浜シーサイドタウンの居住性，1982
5) 超高層住宅居住実態調査委員会（委員長　谷口汎邦）：超高層住宅居住実態調査報告書，住宅・都市整備公団，日本住宅協会，1988
6) 服部岑生：海外集合住宅計画研究からみた住生活観と住宅計画の国際比較，住宅建築研究所報，新住宅普及会住宅建築研究所，1986
7) 湯川利和：不安な高層　安心な高層―犯罪学序説，学芸出版社，1987
8) Jane Butzner Jacobs：The Death and Life of Great American Cities,Vintage Books，1961（ジェイン・ジェイコブズ著，黒川紀章抄訳：アメリカ大都市の死と生，鹿島出版会，1977；ジェイン・ジェイコブズ著，山形浩生全訳：アメリカ大都市の死と生，鹿島出版会，2010）
9) Peter Blake：Form Follows Fiasco；Why Modern Architecture Hasn't Worked,Little Brown & Co 1977（ピーター・ブレイク著，星野郁美訳：近代建築の失敗，鹿島出版会，1979）
10) Christopher Alexander, Sara Ishikawa, Murray Silverstein：A Pattern Language, Oxford University Press，1977（クリストファー・アレグザンダーほか著，平田翰那訳：パタン・ランゲージ―環境設計の手引，鹿島出版会，1984）
11) Oscar Newman：Defensible space；Crime Prevention Through Urban Design, Macmillan Pub Co，1973（オスカー・ニューマン著，湯川利和・湯川聰子共訳：まもりやすい住空間―都市設計による犯罪防止，鹿島出版会，1976）

あとがき

　1990 年ごろ学位取得のため，戦後の日本の超高層住宅の歩みを調べ，時代の変化に翻弄されつつ育ってきた姿を見た。そこには住まいであることとは別に，社会における超高層住宅のもつ目的や意味が大きく変化していた状況があった。また同時期，アジアに目を転じ超高層住宅の視察調査を行った。そこではその近代建築の象徴が，各都市のそれぞれの自然・社会的背景の中で多様な展開を見せていたが，やはり超高層住宅の社会との関係性が異なっていると感じた。

　本書で紹介した各都市での事例調査と居住者調査は，この実感を確信にするために実施した 2016〜2020 年の調査研究であった。その分析や今後の日本の未来像への展開は更に深めていくべきものであり，引き続き読者諸兄と議論する機会をぜひ持てればと思う。

　ところで，この調査研究の過程の中で最もハードルの高かったのは各都市での調査実施であった。各年度の前半にその都市の主担当と私の 2 名は渡航し，超高層住宅の現地視察と調査ルートを開拓，年度の後半はそのルートを使って学生も同行しての居住者調査と観察調査を行った。しかし，この居住者調査の準備がなんともうまく行かない。現地に赴く直前まで実施できるかどうか見通しが立たず，まさに生きた心地のしない都市もあった。

　しかし，4 都市に共通していたのは，調査の許可をいただいた対象事例の供給・管理主体をはじめ，実に数多くの方々に助けられたことであった。この協力者の一部は，執筆者に名を連ねていただいたが，ほかにも多くの方々にご支援をいただいた。シンガポールでは吉田光夫氏。香港では簡佐知子氏，佐藤香織氏，Frederic Wu 氏，Samuel Fung 氏。北京では劉東衛氏，趙暁征氏，劉煥頤氏，向凱氏。そして台北では周世璋氏，呉玫芳氏，彭揚凱氏。彼らの支援なくして居住者調査は断念せざるを得ず，本書は成立していなかった。この場を借り感謝の意を表したい。

　また，本書の中心素材は，2020 年 12 月に実施した「アジアの超高層住宅 − 4 都市 ONLINE シンポジウム」によるものであるが，この実施については海道清信先生，福島茂先生にご尽力をいただいた。やはり，お礼を申し述べたい。

　最後に，本書の制作はまさに苦難の道であったが，無事この日を迎えることができたことを，編集作業を支えていただいた技報堂出版株式会社の石井洋平氏，そして共に調査研究を実施し引き続き執筆いただいた共著者と共に祝いたい。

著者を代表して　高井　宏之

超高層住宅の未来絵図
　　―アジア4都市からみた日本―

定価はカバーに表示してあります。

2023 年 11 月 5 日　1 版 1 刷発行　　　　　　　ISBN 978-4-7655-2645-6　C3052

編 著 者　　高　井　　　宏　之

　　　　　　髙　田　　　光　雄

　　　　　　鈴　木　　　雅　之

発 行 者　　長　　　　　滋　彦

発 行 所　　技 報 堂 出 版 株 式 会 社

日本書籍出版協会会員　　　〒101-0051　東京都千代田区神田神保町 1 - 2 - 5
自然科学書協会会員　　　　電　　話　　営　業（ 0 3 ）（ 5 2 1 7 ）0 8 8 5
土木・建築書協会会員　　　　　　　　　　編　集（ 0 3 ）（ 5 2 1 7 ）0 8 8 1
　　　　　　　　　　　　　　　　　　　　Ｆ Ａ Ｘ（ 0 3 ）（ 5 2 1 7 ）0 8 8 6
Printed in Japan　　　　　　振替口座　　00140-4-10
　　　　　　　　　　　　　　　　　　　　http://gihodobooks.jp/

©Hiroyuki Takai, Mitsuo Takada, Masayuki Suzuki *et,al*, 2023　　　　ページデザイン　ジンキッズ

　　　　　　　　　　　　　　　　　　　　　　　　　　　　　印刷・製本　三美印刷

落丁・乱丁はお取り替えいたします。